INSPIRE!

AUTONOME PROVINZ BOZEN SÜDTIROL
PROVINCIA AUTONOMA DI BOLZANO ALTO ADIGE
Deutsche Kultur

Die Drucklegung dieses Buches wurde ermöglicht durch
die Südtiroler Landesregierung / Abteilung Deutsche Kultur.

Manfred Schweigkofler

# INSPIRE!
# DIE KRAFT DER BEGEISTERUNG

Leidenschaft verändert uns
und die Welt

ATHESIA VERLAG

# INHALT

# VORWORTE

Ein Buch über Begeisterung braucht kein Vorwort, auch keine Zusammenfassung und kein Nachwort. Es muss gelesen werden – oder eben nicht (schön, dass SIE's tun!) – und dann umgesetzt.

Warum ich jetzt aber doch ein paar Zeilen schreibe? Weil ich ... erraten ... begeistert bin. Begeistert über die Idee, sich an dieses einfache und gleichzeitig komplexe Thema heranzuwagen, begeistert über den Inhalt des Buches und nicht zuletzt begeistert über die Ehre, dazu einführen zu dürfen.

Das Thema Motivation – und um nichts anderes geht es bei Begeisterung – begleitet mich als Personaler ja schon sehr lange: Im Studium durch die *Maslow'sche Pyramide*, in meinen Anfängen als Personalleiter durch den *Mythos Motivation* von Reinhard Sprenger, später in zweifelhaften Vorträgen sogenannter „Motivationsgurus", und heute rede und schreibe ich mit *Leidenschaft* zu Themen der Personalführung.

Die Leitfrage dieses Buches habe ich mir aber noch nie gestellt: Wie geht Begeisterung?

Ich habe es immer als Geschenk betrachtet, ein motivierter und leicht zu begeisternder Mensch zu sein. Aber eine KOMPETENZ? Das würde ja bedeuten, dass jeder lernen kann, begeistert zu sein ...

Nicht mehr und nicht weniger sagt uns Manfred Schweigkofler mit seinem Buch. Einerseits banal – jeder weiß, was Begeisterung ist – und andererseits kolossal, weil sie Berge versetzen kann. Eine zentrale Antwort des Autors gleich vorweg: JEDER KANN BEGEISTERUNG. Oder sollte man vielleicht besser sagen: *konnte* Begeisterung. In seiner praktischen Anleitung zur Erlernung von Begeisterung erinnert der Autor an die natürliche Begeisterung der Kinder, die ihnen leider allzu oft bereits in der Grundschule ausgetrieben wurde. Was sehr schade ist, denn in sämtlichen Lebensbereichen – Arbeitswelt, Sport und Freizeit, Partnerschaft, Management – bildet unsere Begeisterung die Essenz.

Glücksgefühle sind gut erforscht: Allerlei Hormone und biochemische Prozesse sind dafür verantwortlich. Aber Begeisterung ist mehr, hier wird es gar etwas Göttliches, Geheimnisvolles, Magisches genannt. „Es macht uns stark", weil es von Herzen kommt. Fachleute sprechen von der *intrinsischen Motivation*, die heute mehr denn je zählt. Wir sind getrieben von dem, was sich gehört, was schick und *up to date* ist, was man tut und die „Freunde" *liken*. Die Stimme der Begeisterung ist nichts von alledem, sie ist die Stimme des Herzens, und auf die kommt es an. Wie aber kann man lernen, sie zu hören, zu spüren und – ganz wichtig – zu entwickeln?

Als Personaler glauben wir an die Lern- und Entwicklungsfähigkeit der Menschen. Wir engagieren Trainer zur Vermittlung von Tools und Kompetenzen. Nun, hier haben wir es mit einer Schlüsselkompetenz zu tun, der Autor spricht gar von einer *Lebensschlüsselkompetenz*. Den Unsinn von Motivationsseminaren habe ich schon erwähnt, hingegen fände ich einen Lehrgang zur Erlernung von Begeisterungskompetenz sehr hilfreich. Die Krux an der Sache: Während die Gesetzmäßigkeiten der Mathematik, des Handballspiels und der Meteorologie für alle Lernenden gleich sind, gilt dies nicht für die Begeisterung. Diese bedeutet nämlich für jeden „Schüler" etwas anderes. Weder gibt es die allgemeine *Quelle der* Begeisterung noch gibt es eine einheitliche *Wirkung von* Begeisterung und schon gar nicht einen allgemeingültigen *Weg zur* Begeisterung. Meine Schwiegermutter konnte sich unglaublich für Mathematik begeistern, meine Tochter für das Klavierspiel und mein früherer Chef für die Statistik. Der eine zeigt seine Begeisterung mit einem verschmitzten Lächeln, die andere mit ekstatischem Gebrüll und der kleine Knirps mit einem Purzelbaum. Den einen begeistert Ordnung, die andere liebt das kreative Chaos.

Einheitliche Linie gibt es hier keine, außer: All das berührt den Betroffenen im Herzen.

Das inspiriert und befähigt zu außergewöhnlichen Leistungen.

Manfred Schweigkofler lädt in diesem Buch jeden Einzelnen dazu ein, seinen individuellen Zugang zur Begeisterung (wieder) zu entdecken und möglicherweise auszubauen, also gewissermaßen eine Kompetenz darin zu entwickeln.

Deswegen kann ich nur jedem empfehlen, sich auf die Suche nach seinen ganz persönlichen Quellen der Begeisterung zu machen. Das vorliegende Buch von Manfred Schweigkofler bietet eine ausgezeichnete Orientierungshilfe dazu.

**Hermann Troger**
Personalerberater, Trainer, Autor

„Stehen wir vor begeisternden Zeiten? Immer dann, wenn uns Ideen, Initiativen, Wünsche, Projekte, Herausforderungen, Chancen oder Aufgaben begeistern. Schon von daher lohnt es sich, seine Begeisterungskompetenz immer weiterzuentwickeln. Denn nichts lässt uns Dinge leichter von der Hand gehen, als wenn wir im „Flow“ sind. Und tiefes inneres Begeistertsein war schon immer die beste Nahrung für diesen Zustand spielerisch leichter und zugleich höchster Konzentration und Versunkenheit in eine Tätigkeit, wie der „Flow“-Entdecker Mihály Csíkszentmihályi es formulierte. Und Manfred Schweigkofler ist ein wahrer Meister der Begeisterung. Einen besseren wird man schwerlich finden, wie virtuos und im Flow er Menschen dazu begeistert, selbst Begeisterte und Begeisterer zu werden.

Aber stehen wir wirklich auch vor begeisternden Zeiten in einem noch größeren Sinne, einem gesellschaftlich-kulturellen Sinne? Erstaunlicherweise finden historische kulturelle Sprünge in schöner Regelmäßigkeit gerade im Zusammenhang mit grundlegenden Herausforderungen statt. Und davon haben wir zurzeit ziemlich viele und reichlich grundlegende. Grundlegende Herausforderungen fordern uns heraus, aus grundlegenden Lebensannahmen herauszufinden, die nicht mehr in eine veränderte Lebenswirklichkeit passen. Zu neuen, die der neuen Lebenswirklichkeit gerecht werden und uns diese sinn- und kraftvoll gestalten lassen.

Spätestens mit der allgegenwärtigen und in buchstäblicher Lichtgeschwindigkeit stattfindenden Digitalisierung sind wir nicht länger Kreaturen im Überlebenskampf auf diesem Planeten, sondern dessen Mitschöpfer – mit planetaren Informations-, Kommunikations-, Handlungs- und Gestaltungsmöglichkeiten in unserer Hand. Für diesen gigantischen Evolutionssprung menschlichen Handlungspotenzials brauchen wir jedoch dringend ein dahin gehend transformiertes Mindset, denn egozentrisches und kompetitives Denken und Handeln mutieren gerade zur Überlebensbedrohung unserer Spezies. Die Zukunftsforschung erkennt heute *gesamtsystemisch verantwortungsvolles Denken* und *kollaboratives Handeln* als die weitaus intelligentere Lebensstrategie für jeden Menschen und jede Organisation. Und dies ist eine in der Tat begeisternde Perspektive.

„*Collaboration is the next competition*“, so fasst der Hackathon-Erfinder und Unternehmenscoach Todd Khozein diesen neuen Metatrend zusammen. „Das zutiefst Menschliche zu entwickeln, ist die zentrale Aufgabe im 21. Jahrhundert“, meint in diesem Sinne der Gehirnforscher Gerald Hüther. Die damit verbundenen Werte, Haltungen und ur-menschlichen und sozialen Kompetenzen sind „die neue globale Währung“, so Andreas Schleicher als OECD-Direktor für Bildung und Innovation. Zukunftsentscheidend für das Glück, die Souveränität und Agilität jedes Menschen wie für die Zukunftsfähigkeit jedes Unternehmens sind Kompetenzen wie Begeisterung, Kreativität, Kollaboration und Co-Creation, Teamkompetenz, Empathie, Happiness, innere Führung und Leadership 5.0, Lernen- und Problemlösungskompetenz, Vorstellungskraft, Resilienz, Selbstwirksamkeit, Medienkompetenz. Sie sind die Merkmale einer „kollaborativen Intelligenz“, die wir „WeQ“ nennen im Sinne von ungleich „mehr als IQ“. Sie sind „das Alphabet des 21. Jahrhunderts“.

Manfred Schweigkofler ist einer von 69 Pionieren, die das erste große Praxisbuch zu diesen international als „Futures Skills“ bezeichneten Kompetenzen schrieben und derzeit gemeinsam am Aufbau eines neuartigen Ökosystems praktischen Erlernens von mehr als 30 solcher Zukunftskompetenzen arbeiten (www.futureskills.org).

Mit dem hier vorliegenden Buch führt er nun tiefer hinein in „seine“ Schlüsselkompetenz der Begeisterung. Freuen Sie sich auf eine Abenteuerreise in die Welt der zutiefst menschlichen und zutiefst begeisternden Kompetenz der Begeisterung!

**Peter Spiegel**
Zukunftsforscher, Leiter WeQ Institute und
Initiator „Future Skills" Praxisbuch und Plattform

# INSPIRING PEOPLE

Wenn Du eine E-Mail von mir erhältst, steht darunter als Slogan in der Signatur „Inspiring People“. Diese Worte erklären zum einen, wer wir (mein Team und ich, denn Inspiration und Begeisterung gelingen, wie wir noch sehen werden, am besten kollektiv) sind: inspirierte, begeisterte Menschen. Wir sind begeistert von unserem Job, von dem, was wir tun dürfen, von den Aufträgen, die wir bekommen, und vom Vertrauen, das uns entgegengebracht wird. Der Slogan sagt aber auch aus, was wir leidenschaftlich gerne tun: andere Menschen inspirieren. Unter inspirierten Menschen fühle ich mich am wohlsten, man kann daran wachsen, man kann daran lernen, man kann sich daran freuen.

Andere Menschen zu inspirieren, ist die Mission inspirierter Menschen, das ist das, was sie absolut am liebsten tun. Man kann ja nur in anderen ein Feuer entfachen, wenn es selbst in einem brennt (wie uns schon der gute alte Augustinus gelehrt hat).

Vielleicht kennst Du den Satz „Leader machen Leader". Ebenso ist es mit Begeisterern: Sie freuen sich, wenn sie andere Menschen begeistern können, damit diese wiederum andere Menschen begeistern.

Wir haben das Privileg, in einer der spannendsten Zeiten der Menschheitsgeschichte zu leben. Wir sind am Beginn einer neuen Ära, die wir mitgestalten dürfen. Das muss uns doch begeistern.

Begeisterer machen Begeisterer.

Seid also begeistert, Menschen zu sein in dieser Zeit: Erfreut euch am blauen Himmel, an der frischen Luft, an euren Mitmenschen. Grüßt eure Nachbarn, spielt mit euren Kindern, und seid begeistert Mensch, weil wir als Menschen die Zukunft – eine bessere Zukunft – in der Hand haben. Zukunft passiert nicht einfach, sie wird gemacht, und je mehr sie von begeisterten Menschen gemacht wird, umso begeisternder wird diese Zukunft für uns alle sein.

# BEGEISTERUNG ALS LEBENSSCHLÜSSEL-KOMPETENZ

Begeisterung ist eine Top-Kernkompetenz für das Leben.

Wir werden in Zukunft kaum eine Fähigkeit so sehr brauchen wie Begeisterungskompetenz, gerade nach den Frustrationen der Corona-Pandemie. Und wenn wir nun die Gestaltung einer neuen Welt angehen – denn das und nichts weniger werden wir in den nächsten zehn bis zwanzig Jahren zu tun haben –, werden wir, ja, einerseits digital fit sein und neue Technologien verinnerlichen müssen. Doch andererseits kommen wir ohne Begeisterung nirgendwohin. Deshalb rangiert diese Kernkompetenz – und als eine solche bezeichne ich sie – auf meiner persönlichen „Future Skills"-Skala ganz oben.

Wenn wir wirklich etwas
verändern wollen, brauchen wir
vor allem Begeisterung.

*Dalai Lama*

## Ohne Begeisterung gibt es keine Veränderung zum Besseren

Wir wären heute nicht, wer wir sind und wo wir sind, ohne die Begeisterung derer, die vor uns waren: die Begeisterung unserer Vorfahren, irgendwann Tiere züchten zu wollen und Pflanzen anzubauen oder Boden fruchtbar zu machen. Wesentlich war die Begeisterung der Ägypter, hinter die Schliche der Sonne zu kommen, die Begeisterung der Phönizier, die Weltmeere zu bereisen, jene der Griechen für das Schöne und jene der Römer für knifflige juridische Auseinandersetzungen. Ohne die Begeisterung irischer Mönche, das Evangelium wilden Barbaren zu predigen, jener der Wikinger, anderen die Schädel einzuschlagen, und ohne die Begeisterung des Cristobal Colon, einen Seeweg nach Indien zu entdecken (und ungewollt in Amerika zu landen), sehe unsere Realität heute wahrscheinlich ganz anders aus. Die Welt geprägt hat auch die Begeisterung Michelangelos, eine Statue aus einem Steinblock zu hauen, sodass man meinten könnte, der Stein lebe, die Begeisterung Shakespeares, komplizierte Liebesgeschichten einfach rührend zu erzählen, und die Begeisterung Bachs, Gott mit sieben Noten ehren zu wollen. Ohne die Begeisterung Newtons um die Erdanziehungskraft, jener Edisons, anderen ihre genialen Erfindungen zu klauen, oder die Begeisterung der Gebrüder Wright, so ein Ding durch die Luft fliegen zu lassen, wäre alles anders. So hat auch die Begeisterung Martin Luther Kings, eine gerechte Welt zu träumen, die Begeisterung der Hippies, das Spießertum zu schockieren, oder die Begeisterung eines Steve Jobs, eines Elon Musks oder eines Muhammad Yunus die Welt und unser aller Leben geprägt.

Ohne Begeisterung gibt es keine Veränderung, sondern nur Status quo, Stillstand, Komfort, Sicherheit, immer mehr vom Gleichen – auch schön, aber ohne wirklichen Wechsel. Oder eben nur Reförmchen, Evolutiönchen, aber keine Revolution, keine Disruption; höchstens Adaptierungen, weil man eh nicht mehr anders kann; weil Nichtstun noch riskanter wäre, als ein bisschen etwas tun. Für jede wichtige Veränderung braucht es Leidenschaft – was Leiden schafft, wenn es nicht ist – und Motivation, ein Motiv, dass es besser (und nicht anders) werden kann.

Wir werden bei der Zeichnung einer neuen Welt, egal ob Wirtschaft oder Schule, egal ob in der persönlichen Entwicklung oder in der globalen Transformation, tatsächlich und mehr denn je Begeisterung als Lebensschlüsselkompetenz und

„

**Für jede wichtige Veränderung braucht es Leidenschaft – was Leiden schafft, wenn es nicht ist.**

“

begeisterte Inspiratoren als Wegweiser brauchen, um die Zukunft unseres Planeten in die richtigen Bahnen zu lenken. Ohne Begeisterung werden wir scheitern.

## Erfolg ist die Folge unserer Begeisterung

Wenn es wahr sein sollte, was uns die schlauen Sprüche suggerieren, nämlich, dass Erfolg die Konsequenz unserer Passionen ist: „*Succes follows Passion*", „*Follow your Passion – it brings you to your purpose*", dann sollten wir uns schleunigst aufmachen, diesem Phänomen auf die Spur zu kommen. Immerhin war es auch niemand Geringeres als Steve Jobs, der auf die Frage eines Studenten nach dem einen Tipp, was es im Leben mehr als alles andere brauche, um erfolgreich zu sein, antwortete: „Passion"!

> Die Leute sagen, man muss viel
> Leidenschaft entwickeln
> für das, was man tut, und das stimmt.
> Du musst es lieben, Du musst
> Begeisterung dafür haben.
>
> *Steve Jobs*

# WAS IST BEGEISTERUNG?

Es ist gar nicht leicht zu beschreiben, was genau Begeisterung ist. Das ist auch das Dilemma der Management-Gurus: Alle wissen, wie wichtig Passion für die Firmenkultur und die Mitarbeiterführung wäre, aber es gibt noch keine schlüssige wissenschaftliche Theorie oder Aufarbeitung. In den schlauen Büchern steht, Begeisterung sei ein Gemütszustand der intensiven, überschwänglichen, leidenschaftlichen Freude; ein Impuls, der Glückseligkeit hervorruft; eine überaus positive Energie, die sich leicht mit kraftvollem Tatendrang verbindet und deshalb geradewegs in Action münden kann. Begeisterung wäre demnach eine aktive Power, die zum Tun anspornt, und sei es nur mit offenem Mund zu staunen. Begeisterung ist eine aktive Schaffenskraft, das heißt, man wird immer „etwas mit Begeisterung tun".

Begeisterung ist aktive, freudige Power.

Leidenschaft bedeutet [...] eine Art Verschwendung von Zeit, Kraft und materiellen Mitteln an Dinge, Menschen oder höhere Ideen.

*Eugen Maria Schulak*

## Begeisterung ist ein Feuer

Nicht umsonst gibt es viele Bilder und Metaphern, die Begeisterung mit einem lodernden Feuer in Verbindung bringen. Begeisterung ist, wenn es unter den Nägeln brennt, wenn man für etwas glüht, wenn man sich brennend interessiert, wenn eine flammende Rede gehalten wird, wenn kreativer Funkenflug überraschende Ideen gebiert.

Begeisterung geht mit Freude einher, und tatsächlich sprechen wohl beide Stimmungen auch dieselben emotionalen Zentren in unserem Gehirn an. Begeisterung ist also auch ein biologischer Prozess, der zu einem „Joy-Zustand“ führt. Wer begeistert ist, hat Freude, Interesse, Spaß, Lust, Vergnügen, Elan: Er oder sie springt, strahlt, lacht!

## Begeisterung funktioniert allein und in der Gruppe

Die stille Freude wollt ihr stören?
Lasst mich bei meinem Becher Wein!
Mit andern kann man sich belehren,
begeistert wird man nur allein.

*Johann Wolfgang von Goethe*

Da widersprechen wir dem Dichterfürsten aber vehement. Ich kenne den Moment, den Goethe in diesem Spruch beschreibt, sehr gut. Es ist großartig, sich allein und mit der eigenen Begeisterung zu freuen: über einen guten Gedanken oder eine brillante Idee, über Schönheit oder eine berührende Begegnung. Ich komme beim Autofahren bisweilen sogar ins Tanzen, mache Begeisterungssprünge, wenn ein cooler Song zur rechten Zeit im Radio kommt.

Es gibt unendlich viele Möglichkeiten, begeistert zu sein.

Begeisterung kann sehr wohl individuell sein, wirkt aber am besten kollektiv, mit dem Partner, mit Freunden, in der Kleingruppe, im Team (und vor allem in der Sippe und in der Horde). Bei Sportereignissen gibt es gar weltmeisterlich national-kollektive Begeisterungswellen.

Eben weil solcher Eifer ansteckend ist, schwappen die Funken der Begeisterung relativ rasch über und können leicht einen

Flächenbrand auslösen. Schließlich steckt man nicht nur andere an, sondern wird selbst auch wieder von anderen angesteckt. Man begeistert sich quasi aneinander hoch.

**Begeistert sein**

Man kann begeistert sein von einem Menschen, von Lehrer*innen, Leader*innen, einem Star, von einem herausragenden Talent. So bin ich begeistert von meinen Enkeln: Was immer sie auch tun, es macht mir Freude, motiviert mich und macht mich glücklich. Auch in jeder romantischen Beziehung gibt es – wenigstens am Anfang – immer eine unglaubliche Begeisterung für diesen scheinbar idealen Partner. Genauso kann man begeistert sein von einer Gruppe von Menschen (einer politischen Partei, einer Band, von einem Team).

Ebenso kann eine Idee, eine Weltanschauung, eine Bewegung wie Friday for Future oder eine Erfahrung (Reise, Vortrag, Konzert, Fußballspiel) Begeisterung wecken. Viele lassen sich von einem Unternehmen oder einer Dienstleistung, von einem Brand oder einer Marke begeistern. Man kann begeistert sein von einem besonderen, intensiven Erlebnis, von einem Buch, einem Film, einem Song, einem Abenteuer. Man kann sogar begeistert sein von der eigenen Arbeit, dem Chef oder der Chefin, vom Team, von den Kollegen, den Kunden, den Produkten, vom Sinn der eigenen Arbeit oder dem Erfolg des eigenen Tuns. Fast jedes Kind startet begeistert in den ersten Schultag!

Sehr kleine, unscheinbare Dinge haben häufig die Macht, uns zu beeindrucken: Vogelgezwitscher, Erdbeeren, Krokodillederhandtaschen. Ich persönlich kann mich unglaublich für gute Werbungen begeistern, für raffinierte Dialoge in amerikanischen Filmen, aber ebenso für ziemlich dumme Gags. Wer meine leibliche Fülle kennt, ahnt, dass mich Essen begeistert: der Pesto meiner Frau, die Schwarzwälder Kirschtorte meiner Tochter (mit viel Sahne!), die gefüllten Tomaten meiner Mama, die *Capricciosa* in meiner Lieblingspizzeria oder gegrillte Calamari am Meer. Mich begeistern die Vorträge von Sir Ken Robinson, die Songs von Peter Gabriel, Tina Turner oder Creedence Clearwater Revival sowie die Bücher des Theologen N. T. Wright. Die allergrößte Begeisterung verschaffen mir die Tausenden Abwandlungen der Farbe Grün im wiederauftauchenden Sonnenlicht, wenn ich nach einem sommerlichen Wolkenbruch durch meine Südtiroler Heimat fahre.

Man steckt Begeisterung aktiv in eine Tätigkeit, in eine Arbeit, in ein Engagement. Man entwickelt Leidenschaft, Eifer, Enthusiasmus, also eine treibende Energie, die man in etwas investiert, woran man glaubt, was Freude und glücklich macht. Abermillionen machen mit Begeisterung Sport, radeln, wandern, laufen und klettern leidenschaftlich durch die Lande. Abermillionen machen Musik, spielen, klimpern, zupfen, trommeln, flöten, geigen mit Passion. Abermillionen setzen sich für andere Menschen ein, helfen, retten, pflegen, kümmern sich. Enthusiasmus lebt in Abermillionen von Vereinen und Verbänden, für die Sache, aber auch für den Nächsten. Wir sind im Grunde eine leicht zu begeisternde Gesellschaft.

Nur in der Arbeitswelt sinkt der Begeisterungspegel häufig rapide ab. Aber dazu später mehr ...

**Reflexion: Persönliche Begeisterung und Leidenschaften**

Nun bist Du an der Reihe. Wir wollen mit diesem Buch ja nicht nur Begeisterung erklären, sondern auch Dir und Deiner eigenen Begeisterung auf die Sprünge helfen. Nimm Dir einige Minuten Zeit für eine Selbstreflexion. Mache Notizen, und versuche dabei konkret zu sein. Wenn Du beispielsweise gerne gutes Essen hast, schreibe auf, welches Essen. Wenn Du gerne singst, überlege genau, was Du gerne singst (welche Songs welcher Band, wo Du gerne singst und wann Du am liebsten singst). Sollte Dich die Natur begeistern, versuche zu notieren, welche Natur Dich begeistert (Berge, Meere, Seen, Tümpel, Wüsten, Weinberge, Apfelplantagen) und was daran Dich ganz speziell begeistert (die Ruhe, die Erhabenheit, die Tiere, ein Ambiente, die Seele baumeln zu lassen, das Glitzern der Farben).

Denke an Deine Arbeit: Wann macht sie Dir am meisten Freude? Was baut Dich auf? Mit welchen Menschen bist Du gerne zusammen, beruflich und privat? Und was genau begeistert Dich an ihnen? Wem hörst Du gerne zu? Mit wem redest oder diskutierst Du gerne? Wen führst Du gerne, wen unterrichtest Du mit Freude?

Du brauchst übrigens nicht weit zu gehen, denn Du findest Deine Begeisterung in Dir. Denke einfach an die Momente überschwänglicher Freude in Deinem Leben. Denke auch an früher: Was hast Du mit Begeisterung gemacht?

Erinnere Dich also einerseits an Freude, die Du empfunden hast. Doch auch die Neugier kann Dich auf die richtige Spur bringen. Worauf bist Du unstillbar neugierig? Worüber grübelst und denkst Du gerne nach? Welche Themen interessieren Dich brennend?
Denke an Deine bereits umgesetzten und noch offenen Träume: Was würdest Du leidenschaftlich gerne tun, auch wenn Du dafür nichts bezahlt bekommst? Worin würdest Du Dich leidenschaftlich gerne investieren, Deine Zeit, Deine Energien, Deine Finanzen? Wem hilfst Du gerne, an wen verschenkst Du Dich?
Überlege auch, was Dir Leiden schafft, was Dich ärgert und wütend macht. Welche Menschen gehen Dir auf die Nerven, und wen kannst Du überhaupt nicht leiden? Was ärgert Dich am Zustand der Welt, Deiner Firma, Deines Vereins, Deiner Partnerschaft? Und was ärgert Dich an Dir selbst?
Denke folglich auch an Deine Begeisterungskiller: Was demotiviert Dich? Wer oder was nimmt Dir die Energie und saugt Dich leer wie ein Vampir?
Wichtig ist hier, dass Du Dir ausreichend Zeit nimmst, in Dich hineinzuhören.

**Begeisterung macht stark**

Weil wir gerade beim Nachdenken sind: Es könnte sein, dass sich hinter Deinen Leidenschaften Stärken verbergen. Persönliche Stärken beruhen oft auf persönlichen Leidenschaften. Mir ist aufgefallen, dass sich Menschen manchmal schwertun, ihre Stärken zu definieren. Es geht manchmal leichter, wenn man sie über die eigene Begeisterung ausfindig macht.

Überlege, ob sich aus den aufgezählten Leidenschaften persönliche Stärken von Dir herauskristallisieren ließen, und notiere sie. Denn Begeisterung macht tatsächlich stark!

| Leidenschaft, Begeisterung, Passion | Persönliche Stärken, Fähigkeiten |
| --- | --- |
| | |

## Begeisterung ist Antrieb der Motivation

Weil Begeisterung eine aktive Kraft ist, setzt sie Dinge in Bewegung – in motus – und wird dadurch zu einer unglaublich motivierenden Power.

> Ohne Begeisterung schlafen
> die besten Kräfte unseres Gemütes.
> Es ist ein Zunder in uns,
> der Funken will.
>
> *Johann Gottfried von Herder*

Begeisterung ist die Mutter aller intrinsischen Motivation, einer Motivation, die von innen – eben intrinsisch – kommt und die sich selbst genügt, weil sie für sich und in sich selbsterklärend ist. Wer von Eidechsen begeistert ist, wird Zoologie studieren und mit einer Arbeit über die „Wanderbewegungen der grünen Gomera-Eidechse" promovieren, auch wenn die globale Arbeitsmarktsituation für grüne Gomera-Eidechsenforscher im Moment nicht so überwältigend ist. Du wirst einem sechsjährigen Mädchen nicht erklären können, dass das Erlernen des Geigespielens keine so gute Idee ist: zu schwierig, keine Aussicht auf schnellen Erfolg, anfängliche, demotivierende scheußliche Töne für eine lange Zeit; die gestörten Nachbarn, das brechende Nervengerüst der Eltern ... alles umsonst! Wer von der Geige begeistert ist, will Geige spielen lernen, ohne Rücksicht auf Verluste.

## Motivation und Begeisterung

Du kannst wahrscheinlich die meisten Bücher über Motivation entsorgen, weil sich die entsprechende Literatur bis vor Kurzem vorwiegend mit extrinsischen (von außen herbeigeführten) Anreizen beschäftigt hat – Cash, Prämien, Beförderung, Firmenauto, Büro im obersten Stock. Dagegen ist nichts einzuwenden, nur: Extrinsische Motivation ist nie nachhaltig. Wenn man auf diesem Dampfer unterwegs ist, wird man immer mehr Kohle nachlegen müssen. Das kostet.

Begeisterung als intrinsische Motivation steht hingegen kostenlos und beinahe unbegrenzt zur Verfügung. Wie alle wirklich wichtigen Dinge im Leben – Freude, ein Lächeln, eine Umarmung, Freundschaft, Glück, Liebe, Luft, Regenbögen, Wellenrauschen, Sonnenuntergänge – ist Begeisterung nicht umsonst, aber gratis. Und zwar für alle! Dafür braucht es nicht einmal ein besonderes Talent. Jeder Mensch hat die Begabung zur Begeisterung (auch wenn man dies manchen unserer Zeitgenossen auf den ersten Blick gar nicht zutrauen würde).

> Wir haben zu viele Bücher geschrieben über Motivation und zu wenige über Begeisterung.

Begeisterung ist ein legales Aufputschmittel. Man ermüdet nicht, spornt zu Höchstleistungen an. Sie verleiht der Zeit eine andere Dimension, lässt sie wie im Fluge vergehen, und deshalb ist

„Begeisterung ist ein legales Aufputschmittel.“

Begeisterung natürlich ein hervorragender Antriebsstoff für alles Tun und Arbeiten, ein genial wirksames Gegenmittel für Müdigkeit, ein magisches Elixier für Schaffenskraft, das totalen Einsatz und völlige Hingabe provoziert. Begeisterung braucht keinen zusätzlichen Sinn, weil sie in sich sinnhaft ist. Sie weiß nicht nur, was zu tun, sondern warum es zu tun ist. Diese Art von Energie generiert immer wieder neue Energie aus sich selbst heraus. Begeisterung ist ein Perpetuum mobile großartiger Emotion und Motivation.

> Begeisterung ist darum so schätzbar, weil sie der menschlichen Seele die Kraft einflößt, ihre schönsten Anstrengungen zu machen.
>
> *Samuel Smiles*

Wie unsinnig sind doch Aufrufe und Ratschläge wie:

- „Finde heraus, warum Du nicht so motiviert bist, wie Du es gerne sein möchtest!"
- „Finde heraus, was Dich motiviert und wie Du diese Motivation zu Deinem Vorteil nutzen kannst!"
- „Generiere motivierende Energie!"
- „Finde heraus, wie Du „Aufschieberitis" durch Deinen Motivationsmotor besiegen kannst!"

Falsch! „Leute!“, würde ich solchen Ratgebern am liebsten zurückschreien, es geht um Begeisterung – *It’s all about Passion!* Ohne Begeisterung läuft gar nichts.“ Sucht nicht nach Motivation, sucht nach der Begeisterung. Dann kommt die Motivation von allein, alles kommt in Schwung, die Hürden verschwinden von selbst und Prokrastination und „Aufschieberitis“ werden zu Fremdwörtern.

## Begeisterungsfähigkeit als Führungskompetenz

„Wer begeistert ist, muss nie mehr arbeiten“, soll Konfuzius gesagt haben. Deshalb ist eine der hervorragendsten Fähigkeiten für alle Menschen, in Verantwortung auf ihre Umgebung mit der Kraft der Begeisterung einzuwirken. Wenn es Dir gelingt, Dein Team, Deine Mitarbeiter*innen, Deine Kolleg*innen für eine Aufgabe zu begeistern, werden diese kaum mehr das Gefühl haben, arbeiten zu müssen. Arbeiten ist dann nicht mehr gefordert oder angeordnet – befohlen –, sondern wird als sinnvolle Beschäftigung verstanden, von der man schlussendlich selbst profitieren kann. Diese Kraft generiert aus sich selbst Sinnhaftigkeit und erträgt – frei nach Nietzsche – fast alles. Wie? Begeisterung schafft ein Ambiente der unangestrengten Zufriedenheit, der Neugier, öffnet Räume für

> Leader der Zukunft müssen begeistern können.

Vision und Imagination, stärkt den Teamgeist und sorgt für lächelnde Mitarbeiter*innen. Deshalb werden alle Leader der Zukunft noch mehr daran gemessen werden, ob sie über die Führungsqualität Begeisterungsfähigkeit verfügen. Im Grunde genommen erzählt jede unmotivierte Belegschaft oder jedes passionslose Team von der Motivationsunfähigkeit des Leaders …

## Was Begeisterung impliziert

Was den Menschen aber über
die engen Schranken seines irdischen
Bewusstseins hinaus
von dem Endlichen
zu dem Unendlichen erhebt
und ihm den Blick in die höhere
göttliche Welt öffnet,
ist die Begeisterung.

*Friedrich Schlegel*

**Inspiration**

Begeisterung ist göttlich! Im wahrsten Sinne des Wortes. Begeistern leitet sich nämlich ab von *begeisten,* also etwas mit Geist füllen, mit Spirit, neudeutsch: mit Groove. Und ursprünglich war damit nichts anderes gemeint, als dass jemand von einem göttlichen Geist beseelt wird. Diese Bedeutung wird

**Begeisterung ist das eigentliche Gott-Partikel.**

umso verständlicher, wenn wir den lateinischen Ursprung betrachten: *Inspiration*.

Inspiration ist – streng wörtlich übersetzt – eine *Einhauchung*; das lateinische Herkunftswort besteht aus *in* (ein) und *spirare* (hauchen). Unschwer zu erkennen, dass dahinter die Geschichte der Bibel mitschwingt, wonach Gott dem Adam den Lebensodem eingehaucht hat.

Nicht schlecht: Inspiration und Begeisterung als Lebens-Atem! Weil das hebräische Original *ruach* sowohl mit Atem als auch mit Geist übersetzt wird, könnte man auch die Interpretation wagen: Inspiration ist der Lebensgeist, der Mensch wird durch Inspiration erst *beseelt* (wow!).

Sonach würde geistliche Eingebung und Erkenntnis – aber auch künstlerisches Tun – durch göttliche Inspiration entstehen. Wenn jemand *begeistet* wird, also inspiriert ist, wer vom göttlichen Wind umweht wird, muss dem Göttlichen sehr nahe sein: *en theós*.

**Enthusiasmus**

Das führt uns direkt zu einem weiteren Synonym für Begeisterung, nämlich: Enthusiasmus. Das griechische *enthousiasmós* umschreibt einen Zustand der überschwänglichen erregten Freude, die darauf zurückzuführen ist, dass Gott höchstpersönlich eine Eingebung geschenkt hat. Gott beseelt nicht nur, sondern nimmt Wohnung, „gottet" sich ein. Enthusiasten wären demnach – ich wage hier eine Interpretation – quasi gotterfüllte Menschen, die die Tagesmühen freudig angehen, im Wissen, dass jeder Tag ein Geschenk ist und dass es ein Privileg darstellt, kreativ an der Schöpfung mitzuwirken.

Enthusiasmus ist
das schönste Wort der Erde.
*Christian Morgenstern*

Ein solcher Enthusiasmus, eine solche Begeisterung führt auch dazu, sogar in weniger freudigen Momenten das eigentliche Lebensziel nicht aus den Augen zu verlieren. Deshalb führt Enthusiasmus zu überdurchschnittlichem Interesse und nicht zu bändigendem Engagement. Wer von Gott besessen ist, hat extreme Passion für die Sache.

**Passion**

Wieder lenkt uns die Etymologie in eine ähnliche Richtung: Passion kommt vom lateinischen *passio,* und das entsprechende Verb *patire* meint wörtlich: *Leiden*, oder besser: die Bereitschaft zu leiden, für etwas, was man unsäglich liebt. Leidenschaft hat damit zu tun, dass man leidet, wenn man etwas nicht schafft, wenn etwas nicht gelingt, wenn etwas nicht so ist, wie es sein sollte. Wer Passion hat für Klimafragen, leidet, wenn er die Nachrichten von der Abholzung des Regenwaldes hört. Wer Passion hat für Flüchtlinge, leidet, wenn er die Bilder aus dem Mittelmeer oder den Lagern auf Griechenland sieht. Wer Passion hat für soziale Gerechtigkeit, leidet, wenn er von den Boni der Top-Manager hört und sie vergleicht mit der Armut in der Welt.

Begeisterung strahlt aus.

**Leidenschaft**

Wir sind so begeistert von einer Sache, dass wir physisch und psychisch leiden, wenn sie nicht ist. Man wird aber auch positiv angetrieben, sich für die Sache einzusetzen. Deshalb reden wir von der Passion Christi am Kreuz, weil er bereit ist, aus Liebe für die Erlösung der Menschen unsäglich zu leiden. Der leidenschaftliche Fan ist emotional so begeistert von seiner Mannschaft, dass er leidet, wenn sie verliert. Der leidenschaftliche Forscher leidet an seiner Begeisterung, wenn er den Impfstoff nicht findet. Künstler haben Leidenschaft, etwas zu erschaffen; sie leiden ungemein, bis ihr Werk nicht vollendet ist. Aber diesen Zustand wird man durchstehen, weil einen die Begeisterung für die Sache trägt. Leidenschaft schafft Leiden. Und zugleich schafft Leidenschaft Großartiges.

Begeisterung, Inspiration, Enthusiasmus, Leidenschaft, Passion führen zu Außergewöhnlichem! Diese Emotionen dulden keine passive Neutralität. Es sind Antriebe für positive Veränderung, und es verwundert nicht, dass wir uns gerne in der Umgebung aufhalten von Menschen, die begeistert, enthusiastisch, leidenschaftlich, passioniert sind. Solche Menschen haben, wie wir sagen: Charisma.

Alle Begeisterung ist transzendent.
*Walther Rathenau*

**Charisma**

Wieder ein Wort, das uns in den Bereich des Göttlichen führt, denn unter *charism*a sind wörtlich Geistesgaben gemeint, Geschenke des göttlichen Geistes. Aha, da wären wir also wieder bei der Be-Geisterung, beim „*in the spirit*"-Sein, bei „*en theós*"-Sein; bei der Passion, bei der Leidenschaft, die Leiden schafft und deshalb etwas bewegen will.

Charismatische Menschen sind aber nicht nur selbst Begeisterte, sie haben auch die Fähigkeit, ihre Passion auf andere Menschen zu übertragen. Wir sagen dann, sie hätten eine besondere Ausstrahlung! Sie strahlen aus und die Strahlen ihrer Begeisterung erreichen andere Menschen, die nun selbst zu leidenschaftlich Infizierten werden, die nun wiederum andere anstecken können.

Menschen mit Charisma haben erkannt, was sie begeistert. Schon allein dadurch sind sie in der Regel authentisch und selbstbewusst. Sie haben recht klar definierte Visionen, zeigen ihre Emotionen und wissen vor allem, wie wichtig Emotionen und Visionen im Umgang mit anderen Menschen sind. Ihre Strahlkraft hat Wirkkraft.

Deshalb sind wir so begeistert von charismatischen Menschen, weil sie imstande sind, uns in ihre Leidenschaft und Begeisterung, in ihre Passion und ihren Enthusiasmus mit hineinzunehmen. Charisma ist Begeisterungsfähigkeit. Denn wenn wir Veränderungen wollen, wird es nicht genügen, selbst begeistert zu sein; wir werden auch andere dafür begeistern müssen. Für die Herausforderungen der Zukunft brauchen wir Menschen, die leidenschaftlich an besseren Lösungen arbeiten wollen. Aber wir brauchen vor allem auch Inspiratoren, Menschen, die uns einen guten Geist für eine bessere Welt einhauchen. Ohne diese Begeisterung, ohne die passionierte Leidenschaft werden wir die notwendigen Veränderungen hin zu einer besseren und gerechteren Welt jetzt am Beginn des dritten Jahrtausends nicht hinbekommen.

# WAS BEGEISTERT UNS?

Wir sind begeistert von Menschen, Ideen oder Dingen, wenn sie für uns eine Art Ideal darstellen. In ihnen erkennen wir im besten Fall ein Urbild, ein Vollkommenheitsmuster, und Teil von diesem zu sein, als Anhänger, als Mitstreiter, als Fan, begeistert und inspiriert uns dazu, für dieses Ideal – sei es eine Person, eine Idee, ein Produkt – einzutreten.

In der Begeisterung ahnen wir Vollkommenheit.

## Begeistert von Menschen

Die Begegnung mit inspirierenden und authentischen Menschen waren für mich die motivierendsten Momente meines Lebens.
*Peter Spiegel*

Wir sind begeistert von Menschen, die echt und authentisch sind, denen man vertrauen kann, weil sie irgendwie wahrhaftig und kompetent sind. Wir lassen uns von Menschen inspirieren, die gute Träume und Visionen haben und uns erlauben, an ihren Gedanken teilzuhaben oder sogar mitzubauen. Dabei haben diese Visionen idealerweise mit Sinnhaftigkeit und Schönheit zu tun. Im Dunstkreis solcher Menschen sein zu dürfen, gibt uns Sicherheit, lässt einen sich wertvoller fühlen und macht freudig und glücklich.

**Echtheit, Authentizität**

Herbert Grönemeyer gefällt wohl nicht, weil er besonders gut singen kann. Er begeistert, weil er authentisch ist, ein Typ, ein Unikat; Udo Lindenberg ebenso. Die Rolling Stones waren nicht besser als andere Bands, aber sie waren anders, einzigartig, vermittelten einem das Gefühl, sie würden Tod und Teufel überleben (was sie ja scheinbar auch tun). Ed Sheeran begeistert, weil er einfach mal eine Gitarre nimmt und dazu alltägliche Liebesgeschichten singt.

”

**Es begeistert,**
**was echt ist.**

“

**Wahrheit**

Wir haben allesamt Sehnsucht nach Wahrheit und wir sind begeistert von Menschen, die die Wahrheit sagen, auch wenn sie wehtut. Wahrheit ist in sich selbst schön und macht Sinn, sie braucht keine zusätzliche Begründung von außen.

**Mut**

Wir sind hingerissen von den Storys mutiger Menschen, die bereit sind, mit ihrem eigenen Leben für ihre Visionen einzustehen, wie der einsame Chinese, der sich alleine den Panzern am Platz des Himmlischen Friedens in Peking entgegenstellte; den Frauen in Weißrussland; den Studenten in Hongkong. Wirklich begeisternde Geschichten werden schließlich nicht nur erzählt, sondern vorgelebt. Wir sind – wie wir noch sehen werden – nicht begeistert von Vorsätzen, sondern von Vorbildern.

Können begeistern

Kinder sind begeistert vom Mut ihrer kleinen Helden, und ich bin – als nunmehr sechzigjähriges Kind – immer noch begeistert von Robin Hood, Zorro sowie D'Artagnan und den Musketieren.

**Vertrauen**

Vertrauen gibt Sicherheit, auch wenn die Reise beschwerlich ist. Vertrauen bedeutet, die Crew kann nicht nur Schönwetterfotos posten, sondern kann im Nebel auf Sicht fahren und die Klippen umschiffen. Wir sind begeistert von Kapitänen, denen man vertrauen darf.

## Begeistert von Können

Früher im Zirkus waren unsere Kinderaugen fasziniert von den scheinbar schwerelosen Artisten, die durch die Luft flogen und uns mit nicht für möglich gehaltenen Saltos rückwärts und vorwärts in ihre luftigen Welten entführten. *Mortale* nannten wir das dann, der tödliche Salto, obwohl es (in den meisten Fällen) nicht tödlich war, sondern nur außerordentlich spektakulär und erstaunlich. Ich persönlich bin außerdem begeistert von Pizzabäckern, die den Teig zu einer riesigen Teigscheibe ausrollen und durch die Luft wirbeln; oder vom Barista hinter der Theke, der scheinbar hundert Hände hat.

Menschen sind begeistert, wenn jemand etwas besonders gut kann: Wenn Cristiano Ronaldo zum x-ten Mal einen Freistoß verwandelt, obwohl elf Gegner zwischen Ball und Tor stehen, um genau das zu verhindern; wenn Anna Netrebko durch reines Schönsingen – das ist die wörtliche Übersetzung von *Belcanto* – uns in der Oper zu Emotionen treibt; wenn ein Kind *Rubik's Cube* in neun Sekunden schafft.

Und wenn Können gar Unglaubliches produziert, kennt unser Enthusiasmus keine Grenzen mehr. Im Sport beispielsweise: Wenn eine Fußballmannschaft in der Nachspielzeit noch drei Tore schießt und sich den Cup sichert, wenn Usain Bolt locker den anderen Weltschnellsten davonläuft oder ein fünfzehnjähriger Rotkopf Wimbledon gewinnt.

Wickie ist schlauer als all die starken Männer, er löst Probleme und ist dadurch in Zeiten von Problem-Solving und Reframing eine unglaublich moderne Figur. Schlauheit und Kreativität begeistern, weil die Talente offensichtlich nicht jeder hat. Und wenn dann auch noch Mut und Echtheit dazukommen, landen wir bei Pippi Langstrumpf, dem Mädchen, das auch Jungs begeistern kann.

Hollywood präsentiert uns wohl deshalb immer dieselben zehn Schauspieler*innen, weil diese Emotionen und Stimmungen in uns hervorrufen können, wie es andere nicht imstande sind. Die Jungen unter uns sind enthusiastisch für spezielle DJs, weil diese eben anders auflegen können als normale (ich merke da leider keinen Unterschied). Stephen King wird von seinen Fans mit schon fast ehrfürchtiger Passion gelesen. Und ebenso gehört Leidenschaft dazu, für einen neuen „*Harry Potter*“-Band stundenlang anzustehen, weil man es nicht erwarten kann, wie die Geschichte weitergeht. J. K. Rowling kann augenscheinlich besonders gut spannend erzählen. Aber sie kann nicht nur erzählen; sie kann mit ihren Ideen Welten entstehen lassen, die wir vorher nicht kannten. Und wir sind seit jeher begeistert von Menschen mit Ideen, die unsere Welt verändern können.

## Begeistert von Ideen

Jesus von Nazaret hatte nicht nur die wohl besten Biografen, sondern auch begeisternde Ideen von einer gerechten, solidarischen Welt voller Hoffnung und Freude, denn seine Frohe Botschaft begeistert auch noch nach zweitausend Jahren, obwohl seine irdischen Botschafter seit ebenso vielen Jahren in schändlichste Verfehlungen verwickelt sind.

Die Menschheitsgeschichte ist eine Abfolge von kraftvollen Ideen, die imstande waren, Menschen zu begeistern. Die Idee eines fünfzehnjährigen Mädchens, das sich allein vor das schwedische Parlament setzt und einen Schulstreik beginnt, hat die Welt nachhaltiger verändert als sämtliche Klimastudien und politischen Diskussionen zusammengenommen.

Ideen begeistern! Nicht nur im Großen, sondern auch im Kleinen: Meine Frau liegt mir seit zwei Jahren unentwegt in den Ohren, wir möchten doch unser altes Diesel-Auto nach

500.000 Kilometern endlich entsorgen. Und wann immer ich einwillige und mich mit dem Gedanken anfreunde, unseren alten Mercedes definitiv zu verschrotten, und anbiete, wir könnten uns informieren, dringt aus ihr wie aus der Pistole geschossen: „Tesla!“ So als ob es in der Welt der Automobile nur Müll und Tesla gebe. Aber die Idee von einem coolen Auto der Zukunft hat sich in ihr dermaßen festgebissen, dass sämtliche Einwände keine Chance haben. Tesla ist für meine Frau der Inbegriff des Sinnhaften, Guten und Schönen geworden, weil sie die Idee hinter dem Produkt begeistert.

Auch einzelne Aufgaben, Projekte oder Prozesse können uns begeistern, und zwar schon lange, bevor wir konkret damit zu tun haben. Die Vorfreude, die Aussicht, Herausforderungen zu meistern, begeistert und inspiriert. Denke an private Challenges: Einen Gebirgspass mit dem Fahrrad zu bezwingen oder einen besonders exponierten Klettersteig zu schaffen, ein spezielles Urlaubsprojekt (mit dem Camper durch Kalifornien, Kanada, Skandinavien) oder der Umbau eines Hauses können uns begeistern – oder auch nur den Weihnachtsbaum zu schmücken.

> Eine Vision ist ein begeisterndes Bild von der Zukunft.

## Begeistert von Herausforderungen

Herausforderungen begeistern unser Hirn, weil es neugierig ist, auf das, was sein könnte. Dies sollten wir uns auch im Beruf zu eigen machen, wo man mit begeisternden Aufgaben Mitarbeiter*innen, Teams, ganze Unternehmen inspirieren und motivieren kann. „Nichts ist so mächtig wie die Kraft einer Idee, deren Zeit gekommen ist“ (Victor Hugo), und nichts ist so motivierend wie eine begeisternde Vision. „Wenn das Leben keine Vision hat, nach der man sich sehnt, dann gibt es auch kein Motiv, sich anzustrengen“, sagte Erich Fromm. Wenn die Vision aber keine Begeisterung einflößt, nützt sie wenig. Eine Vision ist nur dann gut, wenn sie Begeisterung auslöst.

Ohne Begeisterung bleibt eine Vision ein hilfloser Halbsatz im Firmenleitbild, ein wirkungsloser Slogan. Wiederum: Wir haben zu viele Bücher geschrieben über Vision und zu wenig über Begeisterung. Wenn eine Mannschaft leidenschaftlich ist, braucht man ihr die Vision gar nicht mehr vorzumalen; die ergibt sich von selbst, und die Ziele korrigieren sich spielend und automatisch nach oben. Das Bild von der Zukunft muss inspirierend sein, dann ist es visionär, motivierend und schön.

Und natürlich begeistert das Gelingen, der Erfolg, wenn man eine Herausforderung geschafft hat: die ersten Meter auf dem

»

**Herausforderungen begeistern unser Hirn, weil es neugierig ist auf das, was sein könnte.**

«

Fahrrad ohne Stützräder; die erste gute Note in der Schule; die erste romantische Errungenschaft, der erste Kuss, die erste gemeinsame Nacht; die Führerscheinprüfung oder ein Sieg mit dem Team. Unbezahlbar: „So ein Tag, so wunderschön wie heute ..."

## Begeistert von Schönheit

Begeisternden Ideen wohnt immer Schönheit inne. Und Schönheit wiederum atmet den Glanz der Wahrheit. Und wenn auch die moderne Ästhetikforschung dieser Behauptung widersprechen würde, weil sie im Schönen eher das „Schöngemachte" erkennt (und dabei Kitsch und Moden zu entlarven versucht, die aber ebenso von Menschen als „schön" empfunden werden können), so meine ich doch, beobachtet zu haben, dass alle Kulturen übereinstimmende Wahrnehmungen von Schönheit haben, die begeistert.

Sonnenuntergänge begeistern die Menschen weltweit, über einen Regenbogen freuen wir uns fast kindisch, ein romantischer Strand ruft Enthusiasmus hervor und die begeisterte Vorfreude auf einen Sprung ins erfrischende Nass. Wandern durch die Erhabenheit der Natur, am Strand entlang oder durch die majestätischen Bergwelten ist für viele Menschen zur Leidenschaft geworden. Hier begegnen wir der Großartigkeit, ja der Vollkommenheit der Natur, der Tierwelt, der Pflanzenwelt. Diese Welt inspiriert uns. Nicht umsonst erklären uns die Kreativen, ihre größte Inspirationsquelle sei die Natur. Ein Ausflug ins Grüne ist produktiver als die allermeisten Brainstorming-Sitzungen. In der Natur atmen wir das begeisternde Gefühl, Schönheit, Vollkommenheit und Wahrheit hätten sich vereinigt. Das begeistert uns!

> Begeisterung: Schönheit, Wahrheit, Vollkommenheit

Unabhängig von der Natur ist die Wahrnehmung von Schönheit dann allerdings individueller. Manchen von uns schenkt Natur dasselbe Gefühl, das uns von Kunstwerken begeistert sein lässt. Ich bin unfassbar begeistert vom *Cristo Velato* oder vom *Mose*, weil ich in diesen Skulpturen Vollkommenheit, Wahrheit und Schönheit begegne. Dasselbe Gefühl breitet sich aus, wenn ich Shakespeares *Othello* lese: Ich komme – ungelogen – nicht durch den ersten Akt ohne Begeisterungsschreie! Wie kann ein Mensch nur so genial schreiben? Ich heule, wenn ich das Cello-Intro aus Verdis 3. Akt aus *Don Carlo* höre, weil ich nicht fassen kann, dass ein Komponist so unglaublich befähigt ist, tiefste menschliche Gefühle mit ein paar Punkten und Linien auf einem Notenblatt einzufangen. Ich fühle mich, als ob ich Bäume ausreißen könnte bei Vivaldis *Vier Jahreszeiten* oder beim *O Fortuna* aus *Carmina Burana*.

Bei mir persönlich ist es die Kunst, die mich begeistert. Andere sind begeistert von der Schönheit von Autos (okay, ein Ferrari, ein Lamborghini, ja meinetwegen auch ein Tesla sind auch Kunstwerke), vom Design in der Mode, von Architektur, von Gebäuden. Für viele Kollegen ist Apple einfach der Inbegriff von Schönheit, Funktionalität und Sinnhaftigkeit; sie erkennen darin das ideale Vollkommenheitsmuster. Und Wahrheit. Und beinahe Heiligkeit (Windows ist für solche Leute einfach sinnlos, hässlich, fast schon sündhaft).

Der Begeisterung sind keine Grenzen gesetzt.

Natürlich wohnt jedem neuen Liebesmoment begeisternde Schönheit inne, egal ob es zunächst eine äußere Schönheit ist, die begeistert, oder eine innere. Es sind die heiligsten Momente der Liebe, wenn Begeisterung, Passion, Leidenschaft, Enthusiasmus, Inspiration sich in- und aneinander verknäueln.

Sogar mathematischen Gleichungen kann begeisternde Schönheit innewohnen oder einer Krisensituation, oder einem juristischen Problem: Hast Du jemals die Begeisterung von Rechtsanwälten gespürt, die an einem schier hoffnungslosen Fall arbeiten dürfen? Faszinierend.

## Begeistert von Überraschungen

Ein Letztes (obwohl sich die Liste unendlich fortschreiben ließe): Wir sind begeistert von Überraschungen. Etwas über-aus Erstaunliches, völlig Unerwartetes, nicht für möglich Gehaltenes reißt uns zu Begeisterungsstürmen hin; noch Jahre später werden wir davon erzählen: ein Außenseitersieg – wenn David gegen Goliat gewinnt. Stell Dir vor, Du schwimmst und schnorchelst, und plötzlich taucht ein Rochen oder eine Riesenschildkröte auf; ein nie erwartetes Jobangebot oder eine völlig überraschende Einladung, oder auch die erste begehbare Dusche; ein Beinahe-Hole-in-One beim Golfen.

Deshalb begeistern uns auch kreative Ideen, wenn sie scheinbar aus dem Nichts vom Himmel fallen und die Erleuchtung bringen. Wir sind begeistert, wenn Muster unerwartet gebrochen werden und etwas passiert, mit dem wir in unseren kühnsten Träumen nicht gerechnet hätten: „Oh my God!" Da haben wir es wieder – Begeisterung ist göttlich.

**Reflexion: Was begeistert Dich?**

Nun bist Du wieder an der Reihe. Versuche ziemlich konkret zu antworten.

Wo entdeckst Du Vollkommenheit, Wahrheit, Schönheit?

Welche Menschen begeistern Dich, weil sie echt und authentisch sind?

Welche Menschen ermutigen Dich, weil sie mutig sind?

Welche Vorbilder haben Dich in Deinem Leben begeistert oder begeistern Dich heute noch?

Welches Können erstaunt und begeistert Dich (im Sport, in der Kunst, in der Arbeitswelt)?

Welche Ideen begeistern Dich?

Welche Ideen haben die Welt verändert oder könnten sie verändern?

Welche Herausforderungen begeistern Dich – beruflich und privat?

Welches Hobby begeistert Dich?

Was ist Dir in Deinem Leben bereits wirklich gut gelungen, wovon Du immer noch begeistert bist und worüber Du gerne erzählst?

Erinnerst Du Dich an Überraschungen in Deinem Leben, mit denen Du absolut nicht gerechnet hattest?

Gibt es Tage „so wunderschön wie heute" in Deinem Leben?

Und was ärgert Dich zu Tode? Was macht Dich wütend?
Was hasst Du?

Hast Du eine Vision von Deinem Leben, die Dich begeistert?

# WIE GEHT BEGEISTERUNGS-KOMPETENZ?

Kann man Begeisterung eigentlich lernen? Kann man Leidenschaft steigern, irgendwie verbessern? Und wenn man selbst ein begeisterter Mensch ist: Kann es gelingen, andere Menschen zu begeistern? Wenn Begeisterung nicht nur ein Gefühl, sondern tatsächlich eine Kompetenz sein sollte, müsste es doch Mittel und Wege geben, die Kompetenz nicht nur selbst zu lernen, sondern sie auch an andere weiterzugeben. Und wie könnte man tatsächlich in einem Unternehmen eine Kultur der Begeisterung implementieren?

Das Begeisterungsmuster ist immer gleich. Man sieht es beispielhaft im Fall von Greta Thunberg: Ein junges Mädchen setzt sich allein vor das schwedische Parlament und streikt „für das Klima“. Bald folgen andere junge Menschen diesem Beispiel und schließen sich dem Mädchen an. Man beginnt, sich zu organisieren, gründet Friday for Future. Tausende sind nun von der Leidenschaft der jungen Menschen begeistert, der Funke schwappt über. Und es werden ständig mehr. Das Mädchen wird nach Davos eingeladen zum Weltwirtschaftsforum und nach New York zur Generalversammlung der Vereinten Nationen. Nun wollen sich auch die Politiker mit diesem Mädchen fotografieren lassen; es wird ein Hype, dasselbe zu sagen wie Greta. Mittlerweile gehen Hunderttausende Jugendliche in aller Welt auf die Straße, organisieren sich, beginnen Druck auszuüben, sitzen in Talk-Shows, beeinflussen Denker und Gesetze und sind dabei, die Welt zu verändern.

## Schritt 1: Sei selbst begeistert!

Wie also geht Begeisterung? Relativ einfach: Indem ein leidenschaftliches Ego-System andere zu einem begeisterten Eco-System inspiriert.

1. Es braucht immer die Feuer-Entfacher,
2. die das Feuer in anderen entzünden.
3. Funke für Funke entsteht daraus ein inspiriertes Netzwerk von Menschen und Teams,
4. die die Welt (im Kleinen wie im Großen) verändern.

**„Begeisterungslügner*innen haben ziemlich kurze Beine."**

Nur wer selbst brennt,
kann das Feuer in anderen entfachen.

*Augustinus*

Begeisterung lässt sich nicht simulieren und noch weniger vortäuschen, lippenbekennende Begeistert-Tuer*innen werden eher früher als später durchschaut. Begeisterungslügner*innen haben ziemlich kurze Beine.

Man kann nur ansteckend sein, wenn man das Virus der Begeisterung selbst in sich trägt. Nur dann ist man kontagiös. Wenn man als Lehrer*in nicht dafür brennt, das Potenzial der Schüler*innen zu entdecken und zu entfalten, wenn in einer Partnerschaft die Passion für das nächste Fußballspiel oder das nächste Kaffeekränzchen permanent größer als für den Partner ist, wenn man Arbeit immer noch als natürlichen Feind eines guten Lebens betrachtet, kann man als Lehrer*in, Partner*in, Mitarbeiter*in, Unternehmensleiter*in nicht erfolgreich sein.

Man kann niemanden begeistern, ohne selbst begeistert zu sein.

**Investiere in Deine Begeisterung**

Es kann immer nur gedeihen, was gepflegt wird; bevor geerntet werden kann, muss gesät werden. Deine Begeisterung kann so lange keine Dividende abwerfen, bis Du nicht entsprechend in sie investiert hast.

Oje, das schlechte Gewissen: Die To-do-Liste liegt unerledigt vor uns, obwohl nun eigentlich Feierabend und Freizeit wäre. Und völlig ungerecht und ungerechtfertigt wird entschieden, weitere Zeitressourcen in das zu stecken, was – sehr gewissenhaft – noch zu tun ist, und leider nicht in das, was man gerne tun möchte. Eine völlig falsche Entscheidung. Wer zur Hand nimmt, was ihn im Moment begeistert, erledigt die Aufgabe schneller, fröhlicher, besser, kräfteschonender und kreativer.

Wie unvermögend ist doch
der gutwilligste Fleiß der Menschen
gegen die Allmacht der
ungeteilten Begeisterung.
*Friedrich Hölderlin*

Was mich im Moment interessiert, darf – und das ist eine Erfolgsformel – mit meiner ungeteilten Begeisterung rechnen. Fleiß und Fokussierung sind kleine Hilfen im Vergleich zur ungeheuer motivierenden Kraft der Inspiration.

Aus dieser Annahme heraus habe ich für mich ein Arbeits- und Lebensprinzip entwickelt. So plane ich die Woche nie voll durch und lasse mir unverplante Freiräume für meinen allfälligen Enthusiasmus. Natürlich habe auch ich zwingende Abgaben, vereinbarte Lieferungen, zugesagte Termine, aber darüber

Unverplante Freiräume für Enthusiasmus

hinaus gönne ich mir den Luxus, mich zu fragen, was mich jetzt – wann auch immer – begeistern würde. Wozu hätte ich jetzt Lust? Was darf nun auf den Schreibtisch? Welche Datei wird geöffnet? Wonach ist mir?

### Verschiebe nicht Deine Begeisterung

Enthusiasmus vergleich ich gern
der Auster, meine lieben Herrn,
die, wenn ihr sie nicht frisch genoßt,
wahrhaftig ist eine schlechte Kost.
Begeisterung ist keine Heringsware,
die man einpökelt auf einige Jahre.
*Johann Wolfgang von Goethe*

Verschiebe Dein Leben nicht auf die Rente, und pökle Deine Begeisterung nicht ein. Ich habe gelernt, das, was mich im Moment inspiriert, nicht als unangebrachten Zeitfresser zu brandmarken, sondern als Opportunität: Es ist jetzt angemessen, die Sache in die Hand zu nehmen. Gewiss, die Neugier kommt meist ungelegen, Ideen purzeln nie im geeigneten Moment, sondern dann, wann es ihnen passt und wenn man gerade unheimlich beschäftigt ist mit (scheinbar) wichtigeren Dingen.

„

**Begeisterung kannst
Du nicht im Keller
lagern,
bis Du Zeit dafür haben
wirst.**

“

Begeisterung soll aber nicht warten müssen, bis das Sinnvolle erledigt ist. Begeisterung ist sinnvoll per se. In die eigene Begeisterung investieren heißt, Neugier zuzulassen und die überzeugte Bereitschaft, Ressourcen – Energie, Zeit und Geld – dafür bereitzuhalten. Es ist nie verworfene Energie, verlorene Zeit oder vergeudetes Geld: Immerhin investierst Du in Brennstoff für die Flamme Deiner Begeisterung, die schlussendlich aber nicht nur Dich selbst flammender machen wird, sondern auch noch die Welt um Dich herum inspirieren kann. Ein gutes Investment!

**Entdecke Deine Begeisterungen wieder neu**

Wir sind allesamt sehr ordentlich aufgewachsen und haben brav gelernt, was man tut und was man nicht tut; was sich gehört und was nicht; was die anderen denken oder was sie sich denken könnten. In der Schule haben wir erfahren, wie man zu richtigen Lösungen kommt und dass es meistens nur eine einzige richtige Lösung gibt. Wir haben bald herausgefunden, wie man zu guten Noten kommt, auch wenn einen das Fach oder der Lerninhalt null Komma null interessiert. Wir haben Leidenskompetenz aufgebaut und Leidenschaft zu unterdrücken geübt.

Du hast vielleicht einen sehr seriösen Berufsweg eingeschlagen und bist auf der Karriereleiter kohärent nach oben unterwegs.

In Deiner Umgebung wirst Du als seriöses und wertvolles Mitglied der Gesellschaft wahrgenommen. Vielleicht hast Du auch schon Deinen Kindern erzählt, was man tut und was nicht. Stop!

Durch die Leidenschaften
lebt der Mensch,
durch die Vernunft existiert er bloß.
*Nicolas Chamfort*

Ist das, was Du tust und wie Du es tust, tatsächlich das, was Du immer tun wolltest? Erfüllt es Dich tatsächlich, macht es Dir Freude? Spürst Du dabei Deine Leidenschaft? Wird es den Schaukelstuhltest bestehen – wenn Du einmal alt sein und im Schaukelstuhl Deinen Enkeln um Dich herum Dein Leben erzählen wirst: Wirst Du ihnen dann Deinen jetzigen Moment im Leben voller Stolz und Zufriedenheit erzählen können?

Oder musst Du an dieser Stelle nachjustieren: Was würdest Du Deinen Enkeln gerne über Dich erzählen können? Leg doch einfach los!

Es ist nie zu spät zu werden,
wer man hätte sein können.
*George Eliot*

**Reflexion: Entdeckungsreise Begeisterung**

Mach den Sprung vom Existieren zum Leben – das geht nur mit Begeisterung!

Es macht sehr viel Freude, die eigene Begeisterung zu entdecken, wieder zu entdecken, ihr wieder zu begegnen.

Setze Dich heute eine halbe oder auch eine ganze Stunde hin und denke darüber nach, was Dich in Deinem Leben begeistert hat …

- als Du 5 Jahre alt warst

  ______________________________

- mit 12

  ______________________________

- mit 14

  ______________________________

- mit 18

  ______________________________

- mit 25

  ______________________________

Nimm Dir Zeit und reflektiere, wer und was Dich wann (vielleicht auch wo?) inspiriert hat.

______________________________

______________________________

Ziehe die Songs wieder hervor, die Du gesungen oder zu denen Du getanzt hast. Hier genügt vorerst eine schnelle Liste mit zehn Liedern.

Schau Dir die Filme wieder an, bei denen Du gebrüllt oder geheult hast. Mach Dir hier eine Liste!

Blättere in alten Fotoalben. Du wirst sehen, wie Dich das freuen wird.

Fahr noch einmal dahin, wo Dir die Augen aufgegangen sind.

Ruf eine*n Freund*in von damals wieder an.

Melde Dich bei Deinen alten Lehrern.

Man wird stumpf, sobald man aufhört,
leidenschaftlich zu sein.

*Claude Adrien Helvetius*

Weil wir auf diesen Seiten (richtigerweise) so viel von Potenzial-Analyse und der Einzigartigkeit eines jeden Menschen reden: Deine Einmaligkeit besteht nicht nur in Deinen Fähigkeiten, Talenten, Kompetenzen, Stärken, Persönlichkeitsmerkmalen, Werten und Charaktereigenschaften, sondern auch in Deinen (ehemaligen und aktuellen) Träumen, Hirngespinsten und Passionen, in all den Dingen, die Dich begeistert haben und immer noch begeistern können. Reflektiere sie! Es könnte allerdings sein, dass Du die Geister, die Du rufst, nicht mehr loswerden wirst. Fantastisch! Willkommen im Club der Enthusiasten!

Dein Lebensweg ist auch ein Weg der abgewürgten Passionen, des gebremsten Enthusiasmus, der unterschlagenen Inspirationen.

**Beginne mit Neugier**

Wenn Du Dich schwertust, Deine Begeisterungen zu finden oder zu formulieren, dann beginne mit Neugier. Die Neugier ist eine untrügliche Kompassnadel hin zu Deiner Begeisterung.

Ich habe keine besondere Begabung,
sondern bin nur leidenschaftlich neugierig.

*Albert Einstein*

**Reflexion: Worauf bist Du leidenschaftlich neugierig?**

Folgen wir also der Einladung Albert Einsteins mit der Frage:

Worauf bist Du denn leidenschaftlich neugierig?

„

**Persönliche Neugier ist die Kompassnadel zur eigenen Begeisterung.**

“

## Traue Dich, Deine Begeisterung zu zeigen

Wir sind oft gefangen im Vorurteil, dass zu viel Begeisterung irgendwie unseriös sei. Viele glauben, Begeisterung stünde der Rationalität im Wege. Wir haben leider den Sprengstoff dieser Paarung noch zu wenig erkannt: Wenn Ratio und Enthusiasmus ausgiebig und leidenschaftlich miteinander Sex haben, entsteht Wundersames.

Auch wenn oft situationsbedingt vornehme Zurückhaltung angemessen ist, darf alternativ ab und zu Begeisterung erlaubt und gezeigt werden. Ich habe selbst oft erlebt, wie mir Menschen erst nach Jahren – fast schamhaft – ihr Herz geöffnet und mich eingeweiht haben, was sie wirklich begeistert. Der eine hatte seine gesamte Wohnung zugebaut mit einer unendlichen Modelleisenbahn, der andere – ein international hoch angesehener Arzt – sammelte kleine Zinnsoldaten, und eine gestandene Frau „beichtete" mir hinter vorgehaltener Hand, dass sie seit einiger Zeit Gedichte schreibt, aber das wisse niemand und ich soll ja niemand davon erzählen ...

Wir müssen wieder eine Kultur der Begeisterung zulassen und fördern. Kinder erlauben sich Enthusiasmus, und das macht sie so liebenswert. Haben wir bemerkt, wie schnell Kinder lernen, wenn sie von etwas begeistert sind? Es gibt keinen Grund, Begeisterung bei Erwachsenen nicht als positive Grundhaltung zu betrachten. Im Gegenteil: Ich persönlich misstraue grauen Krawattenträgern, die emotional regungslos, kühl und starren Blickes erklären wollen, wohin die Reise gehen soll. Wer brennt, soll sein Feuer zeigen dürfen. Begeisterung muss nicht, aber sie darf auch ab und zu laut sein.

Begeisterte Menschen, die ihre Passion zeigen und sich ihrer nicht schämen, sind mutige Menschen, die sich aktiv getrauen, etwas in Bewegung zu bringen.

**Lass Dich von Deiner Begeisterung leiten**

Es ist nicht leicht, in diesen schwierigen, volatilen, komplexen, undurchsichtigen Zeiten den Überblick zu bewahren. Tausende Ratgeberbücher bieten Hilfe und Orientierung mit nichtssagenden Titeln wie „Folge Deinen Gefühlen", „Höre auf Deine innere Stimme", „Sei einfach Du selbst". Das ist zwar alles richtig, aber wiederum arg nebulös. Alle Gefühle sind schal, wenn sie passionslos sind – wenn sie ihre Passion los sind; keine Stimme klingt, wenn keine Leidenschaft mitschwingt.

Mein Vorschlag: *Follow your passion* – „Folge Deiner Begeisterung!", „Höre auf Deinen Enthusiasmus!", „Sei Deine Leidenschaft!". Ich will damit keine „Lieber ein Tag als Löwe als tausend Tage als Schaf"-Haltung propagieren, sondern Dich tatsächlich und ganz praktisch einladen, Deine Leidenschaft

„

**Passionen sind
kein flatterhaftes
Fähnlein im Wind,
sondern gehören
zu Deiner
(inspirierten)
Persönlichkeit dazu.**

“

als möglichen Kompass zu benutzen. Passionen sind kein flatterhaftes Fähnlein im Wind, sondern gehören zu Deiner (inspirierten) Persönlichkeit dazu. Das, was uns begeistert, sollte zum Stern werden, von dem wir uns leiten lassen, privat, aber auch im Beruf.

Meine Theorie: Wenn das Göttliche Dir eine Inspiration einhaucht und einen leidenschaftlichen Traum gibt, dann wird es Dir auch die Mittel geben, diese umzusetzen ... Du solltest beginnen, Deine Leidenschaften ernst und wichtig zu nehmen. Denn damit tust Du Dir selbst Gutes.

> In den Momenten von größtem Enthusiasmus scheint es mir, dass niemand in der Welt jemals so etwas Wichtiges und Schönes geschaffen hat.
>
> *M. C. Escher*

**Lass Dir von Deiner Begeisterung Deine Berufung zeigen**

Ohne Leidenschaft fehlt Leitung. Deine Passionen hingegen eröffnen Dir Wege zu Deiner Berufung.

Tausende Lebensberichte belegen das: jener der erfolgreichen Geschäftsfrau, die alles aufgibt, um armen Kindern zu helfen oder irgendwo auf der Welt Bäume zu pflanzen; jener des genial talentierten Goldschmieds, der irgendwann merkt, dass seine Leidenschaft das Meer ist und er nichts lieber tut als segeln; jener der Mutter, die sich nach 25 Jahren des Kinder-Erziehens an ihre mittlerweile lange zurückliegende Begeisterung für das Lernen erinnert und sich entscheidet, das Abitur nachzuholen, ihren Bachelor absolviert und schlussendlich ihren Master macht (meine Frau übrigens).

Deine Leidenschaft ist die beste Berufsberatung und der genialste Karriere-Coach.

Die eigenen Leidenschaften sind garantiert der beste Berufsberater für Dich. Wenn man sich von seinem Enthusiasmus führen lässt, ist man richtig unterwegs. Du magst zwar möglicherweise dennoch in Konkurs gehen, aber Du gehst dann zumindest glücklich pleite ...

> Es gibt keine größere Sache, die Du in Deinem Leben und deiner Arbeit tun kannst, als Deiner Passion zu folgen.
>
> *Richard Branson*

**Sei beharrlich**

Das Feuer der Begeisterung erlischt, wenn es nicht am Leben erhalten wird. Man findet täglich so viele Gründe und Argumente, die eigene Begeisterung zurückzuhalten und das Inspirationslicht unter den Scheffel zu stellen. Gerade bei

Rückschlägen ist es nicht so leicht, die Flamme am Leben zu erhalten. Lass diese Stimmen nicht zu, reiß Dich zusammen, wenn es um den Schatz Deiner Begeisterung geht.

Und lass Dir helfen! Weil ich mich z. B. gut kenne und weiß, dass ich eher ein 100-m-Läufer bin als ein Marathonläufer, umgebe ich mich mit Menschen, die beständiger sind als ich selbst. Sie sind weniger laut als ich, suchen weniger das Scheinwerferlicht als ich, aber sie erhalten die Glut konstant am Leben. Ich bin Experte für Stichflammen, sie aber blasen in die Kohle, damit das Feuer nicht erlischt. Wenn Du wirklich begeistert bist von einer Sache, wird sie wiederkommen und wie ein Phönix aus der Asche wiederauferstehen. Aber hilf Dir selbst, indem Du Dir Menschen suchst, die Dich an Deine Begeisterung erinnern, ermuntern und ermutigen, an Deinen Leidenschaften festzuhalten.

Begeisterung ist der nie erlahmende
Impuls, der uns beharrlich
unser Ziel verfolgen lässt.

*Norman Vincent Peale*

Sei beharrlich, lass Dich nicht so schnell runterbuttern. Du solltest Deinen Enthusiasmus immer wichtig nehmen. Denke an die Schaukelstuhlgeschichte, die Du einmal Deinen Enkeln erzählen willst.

**Finde Deine Lebenspoesie**

Denke immer daran, Deine Begeisterung macht Dich glücklich. Mediziner könnten das jetzt sicher mit der Ausschüttung von körpereigenen Hormonen oder Enzymen oder Morphinen erklären und gar wissenschaftlich beweisen. Ich kann das nicht, aber ich weiß, dass die Dinge, die uns begeistern, uns auch glücklich machen – und zwar richtig glücklich!

> Ungelogene Begeisterung ist
> die tiefste Lebenspoesie,
> die unmittelbarste,
> reellste Glückseligkeit, die es gibt.
> *Bogumil Goltz*

Das wünsche ich Dir: Dass Du glückselige Lebenspoesie ausstrahlen kannst. Wenn Du selbst glücklich bist und das zeigst, werden andere Menschen von Deiner ausgestrahlten Lebenspoesie begeistert sein. Und damit wird der begeisternde Inspirationskreislauf definitiv in Bewegung gesetzt.

## Schritt 2: Begeistere!

Es geht nicht nur darum, dass man selbst begeistert ist, dass man in sich selbst Begeisterung hat, sie wiederentdeckt und zeigt, sondern mit dieser – wie wir gehört haben – beinahe göttlichen Power und Lebenspoesie auch andere Menschen ansteckt; meint: inspirieren, anhauchen, beleidenschaften, begeistern.

Passionierte Menschen, die Leidenschaft haben und enthusiastisch sind, sind wiederum inspirierend für andere Menschen. Begeisterung inspiriert, Inspiration begeistert.

Ich behaupte, als soziale Wesen, die auf Beziehung angelegt sind, haben wir die Gabe der Begeisterung nicht nur für uns selbst erhalten, sondern sollen damit auch andere Menschen begeiste(r)n.

Das Vermögen, jemand in
Begeisterung zu setzen,
ist das Edelste, das einer über
den anderen besitzt.

*Friedrich Heinrich Otto Weddigen*

Diese Welt ist voller Menschen, die müde, niedergeschlagen, kraftlos sind; so voller Menschen, die ihre Träume, Visionen, ja sich selbst schon fast aufgegeben haben. Alle diese Menschen haben ihre Begeisterung und Passion unterwegs im Leben verloren. Dennoch ist der Funke der Begeisterung immer wieder neu entflammbar. Es braucht allerdings jemanden, der eine frische Feuerquelle bringt und bereit ist, mit einem Streichholz die ausgetrockneten Blätter wieder anzuzünden ...

Ich glaube tatsächlich, dass wir immer mehr Inspiratoren brauchen: Botschafter der Begeisterung, die anderen Menschen helfen zu entdecken, wie wertvoll und einmalig sie sind, die Teams neu inspirieren für frische Vision und Motivation. In jedem Menschen steckt ein besserer, in jedem Team steckt ein besseres, in jeder Organisation steckt eine bessere, in jeder Gesellschaft steckt eine bessere.

Wer seine Begeisterung verschenkt, übernimmt automatisch auch Verantwortung und hat die Vision, dass es den Menschen – generell – besser gehen soll. Er setzt sich dafür ein, dass sie wachsen dürfen, ihren Kompass wieder richtig einstellen und ihre Lebenspoesie entdecken können. Diese Art der Ansteckung ist edel und wiederum rückansteckend. Schon in den Weisheitssprüchen der Bibel steht: „Wer andere erfrischt, erfrischt sich selber.“

Sei ein Botschafter.

Gerne kannst Du mit anderen Menschen teilen, was Dich selbst begeistert hat. Lass andere teilhaben an Deinen Erfolgen. Im nächsten Kapitel erfährst Du, warum Du nicht lange überlegen solltest, ob sich andere für Deine Begeisterung interessieren. Lobe viel. Es begeistert, wenn man andere begeistert. Es macht glücklich, wenn man die Begeisterung anderer entflammen kann. Wer sich selbst und seine Begeisterung verschenkt, wird selbst reicher. Klingt das in Deinen Ohren zu exaltiert enthusiastisch? Und wenn schon:

> Ein Enthusiast sein ist das
> Liebenswürdigste, Edelste und Beste,
> was ein Sterblicher sein kann.
> *Christoph Martin Wieland*

**Sei charismatisch – strahle aus**

Dahinter versteckt sich – wie wir ja schon gehört haben – auch das Geheimnis von charismatischen Menschen. Diese halten sich mit ihrer Begeisterung nicht zurück, sondern strahlen aus. Und werden dadurch zu Inspirationsquellen für andere. Sie sind „radiant" (dieses Wort gibt es als Adjektiv im Deutschen zwar nicht, aber ich wette, ich kann Dich damit inspirieren.)

Ausstrahlung – denken wir an die Sonne, an Kerzenlicht oder andere Lichtquellen – geschieht immer in alle Richtungen. Und so wie die Sonne über Gut und Böse strahlt und der Regen für die Sympathen und Unsympathen fällt, ist Ausstrahlung eine Kraft, die potenziell alle Menschen um uns herum erreichen kann. Charismatische Leader wissen das. Inspiration entwickelt sich im besten Fall radial – von einem Mittelpunkt ausstrahlend – und erleuchtet die gesamte Umgebung, ohne zu fragen, wen genau ihre Begeisterungsstrahlen treffen.

Sei radiant, strahle aus!

Begeisterung verbreitet sich wie die Ringe auf dem Wasser, man braucht nur einen Stein hineinzuwerfen. Und vielleicht entstehen daraus sogar Wellen der Begeisterung. So funktioniert übrigens auch unser Gehirn. Denken wir nur an die Abermilliarden Synapsen: Jede Zelle verbindet sich mit anderen, jede Verbindung ist wiederum Mittelpunkt für zig neue Verbindungen.

**Vernetze**

Vernetzer erkennt man daran, dass sie leidenschaftlich gerne andere Menschen miteinander in Kontakt bringen. Sie bringen den Stein ins Rollen. „Du machst Theater? Oh, da muss ich Dich sofort mit Anna in Verbindung bringen, Anna hat Bühnenbild studiert …“ Sie nehmen sich Zeit und bemühen sich, Kontakte herzustellen, obwohl sie selbst davon scheinbar überhaupt nichts haben.

Das ist das Muster für Begeisterung. Grundsätzlich tragen ja alle Menschen zweifaches Begeisterungspotenzial in sich, nämlich zu begeistern und begeistert zu werden. Weil diese Fähigkeit aber in vielen Bereichen der Schule, der Arbeit, des öffentlichen Lebens oft ziemlich verkümmert ist, braucht es mehr denn je inspirierte Menschen, die wiederum andere inspirieren.

„Es braucht immer jemanden, der den Stein ins Wasser wirft, sonst gibt es keine Ringe.“

„*Enthusiasm is contagious*“ – Enthusiasmus ist ansteckend – soll mehr werden als eine gern zitierte Aussage, denn tatsächlich: Enthusiasmus kontaminiert, steckt an, ist viral. Die Freude, die Power, die positive Energie, das Lächeln, das freundliche Gesicht, das nette Wort, Deine Lebenspoesie: Alles, was Du in andere investierst, bekommst Du in der Regel doppelt und dreifach zurück. Fang einfach damit an! Und erzähle ganz nebenbei, dass Inspiration und Motivation nicht Chef*innen, Manager*innen und Abteilungsleiter*innen vorbehalten ist, sondern dass jeder Mensch zum Motivator und Inspirator werden kann. Jede*r hat täglich die Chance, viele zu begeistern.

Es braucht immer jemanden, der den Stein ins Wasser wirft, sonst gibt es keine Ringe. Werden großartige Ideen, Visionen hineingeworfen, können Begeisterungswellen entstehen, aus Wellen ein Beben und aus einem Beben ein Tsunami. Und so ein Tsunami hat schon öfters die Welt (oder zumindest Teile davon) verändert.

Charismatische Menschen sind immer Vorbilder, sie inspirieren aber nicht nur durch das, was sie sagen, sondern vor allem dadurch, was sie tun. Ihr Handeln ist wiederum sichtbare Bestätigung dessen, was sie sagen und woran sie glauben. Sie erwarten nicht nur etwas von anderen, sondern erfüllen selbst Erwartungen. Wasser zu predigen und Wein zu trinken, inspiriert niemanden. Wer ein charismatischer Leader sein will, muss sich nicht nur der Sache verschreiben, sondern auch ein dienendes, aufbauendes Herz haben. Menschen sind eher durch Vorbilder zu begeistern als durch Vorsätze.

Strahle aus! Inspiriere! Sei ein begeisterter und begeisternder Möglichmacher. Sei selbst eine Quelle für frische Ideen. Du hast Dein Potenzial entdeckt und entfaltest es. Hilf nun anderen, ihr (schlummerndes) Potenzial zu entdecken. Sieh in ihnen nicht das, was sie sind, sondern was sie sein könnten. Tu es vor allem für Dich selbst, denn Begeisterung ist immer zweifacher Segen: für den, der gibt, und den, der aufnimmt. Wir steigern dadurch unser BIP – unser Begeisterungs-Inspirations-Potenzial – enorm. Und damit als logische Folge auch unser BIP (Bruttoinlandsprodukt).

Jede*r hat täglich die Chance, viele zu begeistern.

## Schritt 3: Begeistere Deine Teams!

Ich bin der Meinung, dass man sich an alle Menschen verschenken darf und soll, unabhängig davon, ob man dadurch einen Nutzen hat oder nicht. Schon deshalb versuche ich, ein Leben als Inspirator zu führen, weil es mich selbst unheimlich bereichert, wenn ich Einhaucher für andere sein durfte. Und es freut mich überaus, wenn Jahre später Menschen zu mir kommen und sagen: „Weißt Du, Dein Satz damals – dieser eine Satz – hat mein Leben verändert."

Neben einmaligen punktuellen Inspirationsgelegenheiten arbeiten wir mit bestimmten Gruppen von Menschen kontinuierlicher zusammen – das sind unsere Teams, unsere Tribes, unsere Squads, unsere Abteilung, unsere Organisation, unsere Unternehmen. Erfolgreich ist man dann, wenn man es schafft, ein stimmiges Team aus Menschen zusammenzustellen, die inspiriert sind von den Weggefährten, von der Herausforderung, von der gelebten Kultur, von den Perspektiven und Möglichkeiten.

Anhaucher für andere

Dabei ist es gar nicht so schwer, die richtigen Teammitglieder zu finden. Nicht aufzuhalten sind möglichst heterogene Gruppen, die aber in einem Punkt die gleiche Stoßrichtung haben: Leidenschaft für die Aufgabe. Solche Teams sind auch besser als jede Idee! Gibst Du eine super Idee einem mittelmäßigen Team, so wird nichts Großartiges herauskommen. Gibst Du hingegen eine mäßige Idee einem begeisterten Team, erlebst Du Wunder.

Alltag stumpft ab, lodert nicht, macht auf die Dauer motivations- und lustlos. Es gedeiht und bringt reiche Frucht, was mit

Begeisterung getan wird. Deshalb bräuchten wir heute so sehr inspirierte Teams, die mit großer Lust an die neuen Herausforderungen herangehen.

Was ihr nicht mit Lust tut,
gedeiht euch nicht.
*William Shakespeare*

Menschen sind nicht begeistert vom Allgemeinen und vom Alltäglichen, sie brauchen Überraschungen und spannende Herausforderungen, auf die sie neugierig sein dürfen. Wenn es darum geht, eine gute Vision umzusetzen, ein Ideal anzustreben, mit Sinnhaftem die Welt zu verbessern, werden Menschen leidenschaftlich und sind auch bereit, dafür zu leiden.

Wir alle tragen potenziell die Freude in uns, über uns hinauszuwachsen. Wenn wir allerdings nur den Durchschnittsstandard setzen, werden wir nur Durchschnittliches erreichen. Durchschnitt begeistert aber nicht, Exzellenz begeistert! Das Wissen, mein Team und ich können Großartiges zuwege bringen, motiviert ungemein, und das gilt nicht nur für Fußballmannschaften. Voraussetzung dafür ist allerdings, dass jeder im Team das Gefühl hat, mit den richtigen Leuten zusammen zu sein, die schlussendlich dasselbe wollen und für das Gleiche kämpfen. Und dafür wiederum müssen Momente der gemeinsamen Begeisterung geschaffen werden.

Es begeistert, inspiriert und motiviert ungemein, wenn man stolz auf sein Team und auf die gemeinsame Herausforderung ist. Man wird alle Anstrengungen unternehmen, damit es der eigenen Mannschaft gut geht und das gemeinsame Ziel erreicht wird. Gut, wenn sich der Chef oder die Chefin und alle im Team der verändernden Kraft der Begeisterung bewusst sind.

Großartige Organisationen werden
von Leidenschaften angetrieben.
*Charles Handy*

Um es noch einmal ganz klar zu sagen: Man kommt um das Thema Begeisterung nicht mehr herum. Es wird auch in der Wirtschaft den Unterschied machen. Und dies behauptet nicht ein Künstler wie ich, sondern das erklärt zunehmend die Wirtschaftsforschung, die es ja wissen muss. In einem Artikel der *Harvard Business Review* heißt es beispielweise: „Was Unternehmen besonders macht, also jene Unternehmen, wo die Menschen wirklich gerne arbeiten, ist die Begeisterung. Menschen wollen begeistert sein von dem, was sie tun, und sie wollen umgeben sein von Menschen, die genauso begeistert sind von dem, was sie tun.

## Schritt 4: Inspiriere die Welt!

Passion verändert die Welt! Oder, wie es Mahatma Gandhi ausgedrückt hat: „Sei Du selbst die Veränderung, die Du in der Welt sehen möchtest." Wir stehen heute alle in der Pflicht, die Weichen für eine Zukunft zu legen, in der die Fehler der Vergangenheit und der Gegenwart nicht mehr weitergeführt werden.

Der Dreiklang *People – Planet – Prosperity* (Mensch – Planet – Wohlstand) bedeutet, dass eine enkel- (und mehr denn je enkelinnen-)gerechte, nachhaltige Zukunft entlang neuer moralischer, wirtschaftlicher, gesellschaftlicher Parameter gebaut werden muss. Wenn wir jetzt beginnen, die Wirtschafts- und Gesellschaftsordnung von morgen zu denken und zu bauen, werden wir ökonomische Kriterien mit ökologischen Erfordernissen und sozialen Fragen in Einklang bringen müssen. Ohne Frieden und Gerechtigkeit wird es keinen Wohlstand mehr geben, und die Klimaerschütterungen werden keine Inseln der Seligen mehr aussparen.

Es hat sich herausgestellt, dass die Erzählung von Kapitalismus, der Reichtum und Glück für alle Menschen bringt, nicht wahr ist. Wir brauchen eine neue begeisternde globale Erzählung, die für alle Menschen stimmig ist und nicht auf einen privilegierten Teil der Erde zugeschnitten. Das kann für einige durchaus schmerzhaft sein. Das Gefühl, etwas verlieren oder abgeben zu müssen, führt oft zu einer kämpferischen Abwehrhaltung. So wie ein Hund, sobald jemand seinen Knochen wegzunehmen versucht, sich daran festbeißt, darum

„Wir brauchen neue begeisternde Visionen für bessere Schnitzel."

kämpft, gar aggressiv wird. Er wird ihn nicht einfach freigeben; loslassen ist auch für Hunde schwierig. Genau so verhalten sich Menschen mit ihrer Komfortzone, ihren Goodies und ihren Privilegien: Sie werden sie nicht aufgeben wollen. Doch um den Knochen zu streiten, bringt nichts. Wir müssen dem Hund ein besseres Stück Fleisch vor die Nase halten, damit er daran riechen kann, Lust darauf bekommt und den Knochen freiwillig lässt. Erst wenn er vom Stück Fleisch begeistert ist und ihm die Gier danach aus den Mundwinkeln rinnt, wird er freiwillig das Schlechtere aufgeben, um das Bessere zu bekommen. Wir brauchen neue begeisternde Visionen für bessere Schnitzel (okay, ich höre die Veganer schimpfen, aber wir sind beim Hundebeispiel).

Für ein neues Bild der Zukunft brauchen wir Vordenker*innen, Pionier*innen, Architekt*innen, Vormacher*innen, Botschafter*innen, vor allem aber Fans. Um diese zu gewinnen, braucht es wiederum Begeisterer*innen und Inspirator*innen. Wir benötigen Inspirator*innen mit der Fähigkeit, uns einen neuen Horizont auszumalen. Wir brauchen passionierte Vordenker*innen und Vorkämpfer*innen, deren Leidenschaft für die Sache bei Mitstreiter*innen Leiden und Bewusstsein schafft.

Wir brauchen Enthusiast*innen für inspirierende verrückte Visionen. Wenn die Welt aus dem Lot ist, haben inspirierte

Ver-Rückte den einzig richtigen Blick auf die Dinge. So auch der zunächst unbekannte Autobauer aus Amerika, der in wenigen Jahren mit seinen E-Autos so viele Fans generiert, dass deren begeisterter Druck die weltweite Automobilindustrie zuerst in Bedrängnis bringt und dann zum Umdenken zwingt. Folgendes Zitat könnte ebenso von dem Tesla-Gründer Elon Musk sein.

> Dieser zweideutige Anschein von Phantasterei in an sich guten, moralischen Empfindungen ist der Enthusiasmus, und es ist niemals ohne denselben in der Welt etwas Großes ausgerichtet worden.
>
> *Immanuel Kant*

Es kommt eine neue Generation, welche an der Situation der Welt leidet, und diese Leidenschaften für ein besseres Morgen müssen wir fördern. Wir müssen die Welt kontaminieren mit begeisterten und begeisternden Bildern von morgen. Wir müssen inspirierende Geschichten erzählen, von den Schätzen, die zu bergen sind, auch wenn die Führungs-Crews oft müde und entgeistert wirken.

Außerdem brauchen wir Führungskräfte, die bereit sind, die Welt der Silos zu verlassen, vor allem der Denk-Silos. Unternehmensleiter stehen in der Verantwortung, ihre Firma zu stärken, gewiss! Aber auch – davon bin ich zutiefst überzeugt – die Welt zum Besseren zu verändern.

Begeisterung ist der Zauberstab für Transformation, für Dich ganz persönlich, für andere Menschen, für Deine Partner, für Deine Teams, für Dein Unternehmen, schlussendlich für die ganze Welt. Wir haben das Privileg, in einer der spannendsten Zeiten der Menschheitsgeschichte zu leben. Wir sind am Beginn einer neuen Ära, die wir – nicht nur als Chef*in – mitgestalten dürfen. Das muss uns doch begeistern.

Enthusiastische, leidenschaftliche, inspirierte, charismatische, kreative Begeisterung verändert die Welt.

Zukunft passiert ja nicht, sondern sie wird gemacht, und je mehr sie von begeisterten Menschen gemacht wird, umso begeisternder wird diese Zukunft für uns alle sein. Auch wenn es schwierig scheint, auch wenn man manchmal den Kopf hängen lassen möchte, auch wenn es manchmal unmöglich scheint: Wie sagte Sören Kierkegaard?

Hoffnung ist eine Leidenschaft
für das Mögliche.
*Søren Kierkegaard*

# BEGEISTERUNG FUNKTIONIERT ÜBERALL

Weil Begeisterung ansteckend ist, funktioniert sie überall. Beinahe jeder Mensch ist ansteckbar (okay, es gibt ein paar Untote, wo alles zu spät sein mag, aber das ist die Ausnahme). Doch an und für sich gibt es kein Feld, kein Metier, keinen Arbeitsbereich, keinen Lebensbereich, wo Begeisterung nicht funktionieren würde. Wir müssen nur beginnen, die Begeisterungsstorys, die wir gerne schreiben möchten, tatsächlich zu schreiben und dann zu leben – weil es uns und der Welt um uns guttut!

> Wo ein Begeisterter steht,
> ist der Gipfel der Welt.
> *Joseph von Eichendorff*

## Begeisterung in der Schule

Erinnern wir uns zurück an die eigene Schulzeit: immer schlechte Noten in Mathe ... deprimierend ... null Bock ... Frustration ... sinnlos: „Wofür brauchen wir das im Leben?“ Und dann kam die Lehrerin, die imstande war, die richtige Taste zu drücken. Aus einem Tief wurde ein nicht für möglich gehaltenes Hoch. Die guten Noten kamen wie von allein.

Bei mir war es der Deutschlehrer in der Oberschule, der mich begeisterte: Er war Kommunist im konservativen Südtirol von damals; der erste richtige Kommunist, dem ich begegnete. Wow! Ein Rebell, ein Antifaschist, ein Antikapitalist, ein Anti überhaupt. Und er mochte Bertolt Brecht, so wie ich. Er stellte den absoluten Gegenentwurf zu allem dar, was ich in meiner Familie kennengelernt hatte. Ich wollte ja definitiv nicht Banker werden – mein Vater hatte sich das so ausgedacht –, ich wollte Bankräuber werden, den Reichen das Geld wegnehmen, um es den Armen zu geben, und hier hatte ich nun endlich ein Vorbild, das mich inspirierte: Robin Hood gab es für mich wirklich!

Mittlerweile habe ich es bis zum Großvaterstadium gebracht (sehr empfehlenswert übrigens). Meine Enkelin, ein achtjähriges Biest, wehrt sich konsequent dagegen, Aufgaben zu erledigen, deren Sinn sich ihr nicht erschließt. Sie verweigert sich mit äußerster Sturheit und Gelassenheit, und alles gute Zureden nützt nichts. Aber wenn die Eltern schließlich aufgegeben haben und beinahe an ihrer Erziehungsmethode zweifeln, holt sie sich zielgenau jenes Thema, das sie interessiert, arbeitet daran und entwickelt Großartiges. Stunden später kommt sie mir ihrem Aufgabenheft, und alles Geforderte ist einwandfrei erledigt und noch viel mehr.

Alle Menschen – vor allem Kinder – lernen grundsätzlich gerne. Wir haben allesamt das Phänomen Neugier implantiert. Menschliche Gehirne sind grundsätzlich „gierig" auf alles Neue. Diese Neugier wird in der Regel allerdings in der Schule gekillt. Tatsächlich schaffen es einige resiliente Menschen, sich die Begeisterung nicht nehmen zu lassen, auch nicht von der Schule. Dennoch ist das sehr schade, wäre die Schule doch die Instanz für Begeisterung.

> Wir alle müssen darauf vorbereitet sein, dass das Leben uns den Glauben an das Gute und Wahre und die Begeisterung dafür nehmen will. Aber wir brauchen sie ihm nicht preiszugeben.
>
> *Albert Schweitzer*

Die Schule fragt ab, was man kann. Sie fragt kaum danach, was man liebt! Sie fragt kaum nach der Begeisterung der Schüler! Und deshalb scheitert sie. Weil man versucht, junge, kreative, neugierige Menschen für etwas zu interessieren, was in deren Augen weder spannend noch sinnvoll, noch nützlich, noch wichtig für ihr späteres Leben ist. Lehrer*innen, die es hingegen schaffen, ihre Schüler*innen zu begeistern, schaffen es auch, die Lerninhalte zu vermitteln. Denn so wie jemand, der von seinem Tun begeistert ist, nie mehr arbeiten muss, müssen auch begeisterte Schüler nie mehr lernen – es geht nebenbei. Begeisterung ist der Antrieb, etwas zu lernen und dabei Freude zu empfinden, wenn man Fortschritte macht. Wir sollten uns in der Schule die Power der Begeisterung zum Partner machen.

> Begeisterung ist Dünger für das Hirn.
>
> *Gerald Hüther*

**Sehen lernen**

In der Regel sitzen keine lahmen Enten und keine Blindgänger in den Schulbänken. Okay, zu manchen passt eindeutig der Begriff Smombie (Smartphone-Zombie), aber sie haben doch noch Leben in sich. Wir müssen ihnen nur helfen zu sehen, wie man schauen könnte. Leonardo da Vinci soll einmal gesagt haben: „Es gibt drei Arten von Menschen: solche, die sehen, solche die nicht sehen, und solche, die sehen, wenn Du ihnen zeigst, wie sie sehen können." Schule sollte das können: Den jungen Menschen zeigen, wie sie sehen könnten. Insofern sollten Lehrer*innen zu „nachhaltigen Begeisterungsbegleiter*innen" werden.

„**Wir sollten uns in der Schule die Power der Begeisterung zum Partner machen.**“

## Erziehung als begeisterte Vision

Aber auch die Lehrer*innen müssen schauen lernen, in erster Linie schauen, wen sie da vor sich haben. Das sind heute Schüler, aber morgen die Stützen unserer Gesellschaft. Das sind Ärzte, Rechtsanwälte, Erfinder, Unternehmer, Handwerker, Pflegekräfte, Verkäufer, selbstbewusste Arbeiter in führenden Unternehmen. Sehen wir in ihnen nur Tunichtgute, Sozialhilfeempfänger, Drogendealer, Gescheiterte, werden wir sie auch zu nichts anderem erziehen. Auch für unser Bildungssystem sollten wir mal ernsthaft das Thema der *self-fulfilling prophecy* (selbsterfüllende Prophezeiung) diskutieren. Wenn wir nur Esel sehen, werden sie keine Pferde werden. Wir brauchen Lehrer*innen, die begeistert sind vom schlummernden Potenzial der jungen Menschen.

> Begeisterung sieht in den Menschen nicht, was sie heute sind, sondern was sie werden könnten.

Begraben wir also eine Schule, die so tut, als wäre sie die Instanz für Wissensvermittlung: Das Internet ist schneller, besser, ausgewogener, billiger und immer up to date. Wissen ist doch kein Engpass mehr, also braucht die Schule auch nicht mehr kostbarste Zeit verschleudern, um Wissen in Gehirne zu stopfen, die viel lieber und viel besser anderes tun sollten.

> Bildung ist nicht das Befüllen
> von Fässern, sondern das Entzünden
> von Flammen.
> *Heraklit*

Ermächtigen wir die Schule vielmehr, Entfaltungsort zu werden für ein Heer von Kindern, deren Begeisterungspotenzial enorm ist. Und das wir brauchen werden, um die Herausforderungen der Zukunft zu meistern.

**Begeisterte Lehrpersonen**

Nach zigtausend Untersuchungen und wissenschaftlichen Studien, nach unzählbaren Büchern, Veröffentlichungen und Seminaren wissen wir, was jeder mit etwas Hausverstand schon immer wusste: Es sind weder die Methoden und die Lehrpläne noch pädagogische Ergüsse und didaktische Fisimatenten, die eine gute Schule ausmachen. Es ist die Persönlichkeit des Lehrers, der Lehrerin, die begeistert, oder eben nicht.

Methoden hin oder her, neue Ansätze hin oder her, autonomes Lernen her oder hin: Alles gut, alles wichtig, alles verbesserungsfähig, aber es wird nichts nützen, wenn vor den Schüler*innen nicht ein Mensch mit Passion für seinen Beruf steht. Jedes Lernen beginnt mit Begeisterung für das zu Lernende. Es ist ein ziemlich schwieriges Unterfangen, Kindern ihre Begeisterung für das Lernen zu nehmen, aber mit unserem Schulsystem haben wir das tatsächlich geschafft. Nachdem wir sie totnormiert haben, wundern wir uns, dass sie fantasie- und passionslos sind.

Wir brauchen ein Begeisterung-Lernen mit Lehrerpersonen, die ihren Schülern Passion einhauchen. Wir müssen die Lehrer*innen befreien vom Ballast der Lehrpläne, von sinnlosen Schreibereien und vom Diktat der Schulbürokratie. Unser Unterricht erzieht motivierte Kinder zu Zombies – leblos gemacht von langweiligem Unterricht. Eine Schule der Begeisterung würde hingegen – frei nach Otto Herz – unsere Schüler*innen aufrichten, nicht unterrichten.

> Begeisterung ist alles! Gib einem Menschen alle Gaben der Erde, und nimm ihm die Fähigkeit der Begeisterung, und Du verdammst ihn zum ewigen Tod.
>
> *Adolf von Wilbrandt*

Setzen wir doch unsere jungen Leute wieder frei. Potenzieren wir doch ihren Enthusiasmus. Die Zukunft braucht leidenschaftliche Enthusiasten. Und machen wir uns bitte keine

Sorgen darüber, ob man eventuell gar zu viel begeistern könnte:

> Die Begeisterung der Jungen schadet dem allgemeinen Wohl nicht mehr als die Lauheit der Alten.
> *François VI. Herzog de La Rochefoucauld*

Ich wünsche mir Lehrer*innen als Lernbegleiter, als Motivatoren, als Kooperationspartner jugendlicher Neugier, Inspiratoren, die junge Menschen begeistern und beseelen und sie am Morgen (metaphorisch) empfangen mit: „Seid gegrüßt, Helden der Zukunft."

Wir alle wissen doch aus unseren eigenen Schulbiografien, wie es begeisterte Lehrer*innen waren, die uns die Fächer und Inhalte lieben lehrten. Keine Schulrevolution, kein methodischer Ansatz, keine noch so ausgefeilte Didaktik kann mehr für die Entwicklung eines Kindes tun als die Persönlichkeit eines begeisterten Lehrers.

Im Moment funktioniert das Gegenteil recht gut. Wir schränken die Kinder ein. Anstatt ihre Welt, ihr Denken, ihre Träume und Visionen größer zu machen, machen wir sie kleiner. Sie leiden unter uninspirierten Lehrern, langweiligen Inhalten,

”

**Unsere Schulen sind Gruselhäuser der Entgeisterung.**

“

visionslosen Lehrplänen, Notendruck, Prüfungsangst. Simon Lentzsch formuliert es richtig: „Alle sind mies drauf! Die im Ministerium sind mies drauf, weil sie wissen, sie haben Mist gemacht, die Lehrer*innen sind mies drauf: Verdammt noch mal, um was soll ich mich noch kümmern. Die Schüler*innen haben keinen Bock, die Eltern meist auch nicht, das ist alles so vermasselt.“ Ein entgeisterter, leidenschaftsloser, uninspirierter Ort, wo Passionskiller ihr Unwesen treiben. Natürlich gibt es Ausnahmen. Natürlich gibt es fantastische Lehrer, die Großartiges leisten. Natürlich gibt es tolle Schulen, die sich echt ins Zeug legen und Orte der Inspiration sind. Aber die allgemeine Lernlandschaft muss echt durchgerüttelt werden.

Was wir hingegen brauchen – mehr denn je –, ist eine Schule der Begeisterung, eine Schule, die Potenziale freisetzt, und kein Gruselhaus der Entgeisterung, eine Schule der Leidenschaft, die den Schüler*innen nicht nur Leiden schafft, eine Schule des Enthusiasmus, die keine Zombies produziert, sondern Meister der Begeisterung.

> Es begeistert immer noch die Persönlichkeit des Lehrers.

**Reflexion: Begeistertes Lernen**

Denke an Deine eigene Schulzeit zurück.

Hast Du Erinnerungen an Deinen ersten Schultag?
Gibt es Fotos?

Welche Lehrer*innen haben Dich begeistert?
An wen erinnerst Du Dich noch sehr gut?

Welche Fächer, welche Inhalte haben Dich begeistert?

Hast Du Erinnerungen an Schulfreund*innen,
mit denen zusammen Du gerne gelernt hast?

Was hat Deine Begeisterung hingegen gekillt?

## Begeisterung in der Partnerschaft

Ich darf diesen Abschnitt sehr kurz halten, weil die allermeisten genau wissen, worum es geht: „Dieses Kribbeln im Bauch, das man nie mehr vergisst, wie wenn man zu viel Brausestäbchen isst“ hat Pe Werner gesungen.

> Es gibt keine wahre Liebe
> ohne Begeisterung.
> *Jean-Jacques Rousseau*

Man findet sich grundsätzlich erst in einer Beziehung, wenn man an einem Menschen irgendetwas entdeckt hat, was einem gefällt, was einen anspricht; und man verliebt sich erst, wenn Begeisterung ins Spiel kommt. Das Kribbeln im Bauch ist ja nichts anderes als eine merkbare chemische Reaktion von überschwappendem Enthusiasmus. Im Zustand des Verliebtseins spielt auch der Körper verrückt, Glücks- und Begeisterungshormone überschütten und pushen sich gegenseitig. Liebende Begeisterung macht fiebrig, und die vernünftigen Abteilungen des Gehirns werden einstweilen beurlaubt. Im siebten Himmel gibt es keinen Platz für Passionskiller.

Alles, was die*der Geliebte tut, ist schön, fantastisch, wundervoll begeisternd. Für andere kaum faszinierende Dinge sind für den*die Partner*in beeindruckend: Jeder Atemzug, jede

Bewegung, jeder Schritt, jedes Wort, jeder Augenblick ist wunderschön.

Man staunt ja immer wieder, wenn man Liebeserzählungen hört: Wie jemand sich jedes Wochenende ins Auto setzt, um seine Geliebte im fernen Rumänien nach über 1000 Kilometer Fahrt in die Arme schließen zu können. Wie viel Energie für die Woche bringt hier das begeisterte Gefühl des Verliebtseins in den Alltag? Die Stunden verrinnen zwar überaus langsam, aber alles Arbeiten, alle Mühen, alle Herausforderungen sind nicht so schlimm, und der Enthusiasmus für das nahende Wochenende macht alles Tun leichtfüßig. Wesentlich ist das Warten auf den nächsten Moment des Zusammentreffens. Endlose Leidenschaft – denn dieses Getrenntsein schafft tatsächlich unsägliches Leiden.

Das ist das Feuer der Begeisterung, die Flammen der Passion, die einen Dauerbrand auslösen – auch körperlich. Hingabe, bis zur Selbstaufgabe. Man stelle sich vor, wenn es gelänge, nur einen Bruchteil dieser Begeisterung für unsere Schulen zu aktivieren oder für unseren Job, oder für eine gute Zukunft für diese Welt – nicht auszudenken.

**Reflexion: Begeisternde Beziehungen**

Machen wir wieder einen Ausflug in Deine Vergangenheit. Denke an Deine eigene erste (vielleicht auch unerfüllte) Liebe. Wer hat Dich begeistert? Du wirst sehen, wie viele Erinnerungen Du noch wachrufen kannst.

Dein erstes Mal?

Das erste Mal, dass Du den Kopf verloren hast?
Denke an Deine Gefühle und versuche sie zu beschreiben.

Denke an den Beginn Deiner aktuellen Beziehung.
Was fällt Dir ein?

Gibt es Begeisterungskiller in Deiner jetzigen Beziehung?
Was könnte man wie verändern?

## Begeisterung am Arbeitsplatz

Ich staune, wie viele Unternehmen das Wort „Passion“ in ihrem Leitbild oder Wertekatalog verankert haben. Wenn ich dann aber nachfrage, wie denn dieser Firmenwert konkret umgesetzt wird, folgt in der Regel großes Schweigen. So viele reden von Passion, aber k(aum )einer weiß, wie geht.

Die Untersuchungen belegen es – ausnahmslos – immer wieder: Nur ein Drittel der Mitarbeiter*innen gibt an, hoch motiviert bei der Arbeit zu sein. Ohne Begeisterung und ohne engagierte Verantwortung geht allerdings nichts weiter, weil es einfach niemanden kümmert! Nicht zu glauben?

Einfach die Augen aufmachen, man sieht die Unmotivierten jeden Morgen auf dem Weg zur Arbeit: im Auto nebenan, in der Bahn, im Bus, auf den Gehsteigen, an den Zebrastreifen. Und am Abend ist es nicht besser – im Gegenteil! Das Frustgesicht ist nun noch lebloser, der Blick leerer, entkräftet und müde. Es ist ja nicht so, dass sie durch besondere Umstände einen vereinzelt schlimmen Tag gehabt hätten, durchaus nicht: Der Tag war gewöhnlich schlimm, weil man sich nichts anderes erwartet hatte und weil nichts mehr am Job Freude oder Begeisterung aufkommen lässt. Leidenschaftsloses Arbeiten macht extrem müde. Jeden Tag

Leidenschaftslosigkeit macht extrem müde.

bewegt sich ein Heer von demotivierten Zombies teilnahmslos hin zur Arbeit und wieder zurück: vergeudetes Talent, vergeudete Energie, vergeudetes Leben.

Ein Mensch ohne Leidenschaft
ist ein Steinbild ohne Leben.
Keine große Tat geschah,
deren Mutter sie nicht war.
*Augustinus*

Ohne Begeisterung verlieren Menschen die Arbeits- und bald auch die Lebensfreude. Die Krux dabei: Die meisten davon wären ja potenziell Könner, Experten, Fachkräfte. Sie beherrschen ihre Arbeit in aller Regel recht gut, doch sie lieben sie nicht, sie mögen sie nicht mal. Sieben von zehn Menschen haben keine Freude an ihrer Arbeit – eine Katastrophe! De facto verbringen diese Menschen beinahe ein Drittel ihres Lebens damit, etwas zu tun, was ihnen nicht gefällt. Aber nicht nur die Zeit am Arbeitsplatz ist qualitätslos; eine frustrierende, unbefriedigende, freudlose Beschäftigung hat auch lähmende Auswirkungen auf Familie, Freundschaften und Tätigkeiten in der Freizeit. Leidenschaftslosigkeit killt Freude!

Wer aber seine Passion gefunden hat, quillt über vor Lebenslust und Kraft. Man wacht am Morgen schon mit hohen positiven Erwartungen an den Tag auf. Die Arbeit wird gar nicht so sehr als solche empfunden, und die Zeit verrinnt wie im Flug. Die Energie der Begeisterung treibt an, schlägt vor, lacht, tut, löst Probleme, sorgt für gute Laune, erfindet. Solche Mitarbeiter*innen werden fast nie krank!

Ich werde manchmal von Unternehmern kontaktiert, die mich bitten, ein Programm zu entwerfen, mit dem man die Mitarbeiter*innen wieder motivieren könnte: „Wir hinken dem Jahressoll hinterher", „Im Betrieb herrscht im Moment keine so gute Stimmung", „Die älteren Mitarbeiter*innen kommen mit dem neuen Chef nicht klar", „Die Jungen verlangen und bieten nichts an". Lauter Fälle für den Motivationstrainer, also?

Auf den Unterschied zwischen Motivation und Begeisterung habe ich schon hingewiesen. Wenn man einen kurzfristigen Eingriff braucht, eine unmittelbare Veränderung oder ein zeitnahes unverrückbares Ziel erreicht werden soll, kann Motivation tatsächlich helfen. Da kann auch mal extrinsische Motivation, also eine Motivation, die von außen kommt, aktivieren. Dies geschieht durch eine Lohnerhöhung, durch Prämien, durch ein Angebot einer Versetzung oder eines Karrieresprungs, durch ausgesprochenes Lob oder Anerkennung jedweder Art. Von außen her werden Beweggründe geschaffen, Gründe, sich in Bewegung zu setzen. Die Karotte, die vor der Nase des Esels baumelt.

„

**Motivation ist wie die Karotte vor dem Esel. Begeisterung braucht hingegen keine Karotten.**

“

Motivieren ist pushen, anschieben, mit Prämien antreiben – das ermüdet. „Ich bin endgültig müde, die Mitarbeiter*innen immer antreiben zu müssen, ich kann das Wort Motivation nicht mehr hören. Sie müssen arbeiten, schließlich bekommen sie bezahlt. Warum muss ich immer und immer wieder den Anschieber spielen?“, hörte ich neulich von einem entnervten Personalchef. Klingt anstrengend. Motivation braucht immer wieder eine neue Dosis, und Vorgesetzte, Teamleader, Manager, Führungskräfte, die auf diesem Trip unterwegs sind, werden die Dosis immer weiter erhöhen müssen.

Und wenn es gar um eine neue Unternehmenskultur gehen soll, um eine langfristige Re-Positionierung, eine grundsätzliche Neuaufstellung, eine große strategische Veränderung, um eine Neuorientierung oder Vision, dann hilft keine Motivation. In diesem Fall braucht es vorwiegend Inspiration **für ein Bild, das Begeisterung auslösen kann,** so ähnlich wie es Antoine de Saint-Exupéry beschrieben hat: „Wenn Du ein Schiff bauen willst, dann trommele nicht Männer zusammen, um Holz zu beschaffen, Aufgaben zu vergeben und die Arbeit einzuteilen, sondern lehre die Männer die Sehnsucht nach dem weiten, endlosen Meer.“

In leichter Abwandlung dieses bekannten Zitats glaube ich, es braucht beides. Es gehört auch zu den Führungsaufgaben,

Menschen zu „organisieren" (okay, kein schönes Wort, aber effizient). Es braucht Mitarbeiter*innen mit einer besonderen Fähigkeit zum Schiffbau, die Zeit, Ziel und Budget unter Kontrolle haben. Aber manchmal genügt es auch, die Menschen für das große Ziel zu begeistern. Ein Leader kann dann auch mal zur Seite gehen und staunen, was alles passiert.

**Begeisterungsfähigkeit als Leadership-Kompetenz**

Leider gibt es keine Werkzeuge, Tabellen oder Computerprogramme, womit man den Begeisterungsgrad der eigenen Mitarbeiter*innen definieren, messen oder quantifizieren könnte. Aber es gibt einige sehr praktische Vorschläge und Vorstellungen.

In der *Harvard Business Review* hieß es, Begeisterte Mitarbeiter*innen gehen achtsam mit dem „Was?" und dem „Wie?" unternehmerischer Strategien und Maßnahmen um. Sie bringen sich ein, sind neugierig und stellen sich permanent die Frage, welche Rolle sie spielen dürfen, um die Firma erfolgreich zu machen. Und das nicht deshalb, weil es jemand verordnet hat, sondern weil es die Mitarbeiter*innen genauso wollen. Das ist die Art von intrinsischer Belohnung, die die Arbeitnehmer*innen von heute suchen, nicht die üppigen Vergünstigungen oder finanziellen Boni, die wir in der Vergangenheit fälschlicherweise für motivierend hielten.

## Ein begeistertes Ambiente

Ein Ambiente der Passion ist einer der wichtigsten Grundsteine für den Erfolg in jedem Team, in der Schule, im Unternehmen, in jeder Organisation, ja schlussendlich in unserer Gesellschaft.

> Nichts Großes ist je ohne
> Begeisterung geschaffen worden.
> *Ralph Waldo Emerson*

Der Fisch stinkt immer vom Kopf herab. Wenn es in der Chefetage keine Begeisterung gibt, wie soll sich eine entsprechende Betriebskultur etablieren? Von einem Chef oder einer Chefin erwartet man Enthusiasmus, keine kühle Zahlenkontrolle. Die Zahlen kommen automatisch, wenn das Unternehmen einen kollektiven Begeisterungsschub erfährt. Wenn der Chef nicht brennt, wird er nichts entfachen.

Der Mensch lernt durch inspirierende Vorbilder und lässt sich von diesen motivieren und inspirieren. Wir brauchen deshalb begeisternde Chef*innen, leidenschaftliche Teams, passionierte Mitarbeiter*innen, auf dass ein Passionskreislauf der Leidenschaften in Gang gesetzt wird.

Wessen Seele nicht selbst
begeistert ist,
der wird gewiss nicht die geringste
Fiber bei einer fremden Seele
erzittern machen.

*Ignaz Felner*

## Leidenschaftliches Leadership

Es ist der Boss, der vor allem für eine engagierte Unternehmenskultur sorgen muss. Leader*innen sind strenggenommen nur für zwei Dinge verantwortlich: Vision und Kultur. Für beide braucht es nichts mehr als Begeisterung, weshalb ein Habitus der Inspiration in der Firmendefinition ganz oben stehen muss, und alle Rahmenbedingungen müssen sich dahin gehend einspielen. Ich gehöre nicht zu denen, die Unternehmenskultur mit Führungskultur gleichsetzen (so allmächtig sind die Führenden nun wirklich nicht), aber sie haben maßgeblichen Einfluss; sie geben also auch das Maß der Begeisterung weitgehend vor. In leidenschaftslosen Rahmenbedingungen passiert nichts Großartiges. Und so wie inspirierte Leader*innen begeistern können, so färben auch Entgeisterer*innen entsprechend ab.

Ein Ambiente der Passion, eine Kultur der Begeisterung

Genervte, gestresste „Führer*innen“ erzeugen eben nichts anderes als nervösen Stress und Trübsal. Doch graue Wolken produzieren nun mal keinen Begeisterungssturm. In den Chefetagen brauchen wir mehr „heilige“ Geister und weniger eilige Geister, weniger Motoren und mehr Motivator*innen. In Zeiten des Sturms ist ein CEO, der*die sich im Büro verschanzt oder gar nicht in die Firma kommt, kein Vorbild, da kann er*sie noch so gute Vorsätze haben. Bei hohem Wellengang wollen wir Kapitän*innen auf der Brücke sehen, mitgepeitscht von den Wellen, die hereinbrechen, als Mutmacher*innen, als Horizont-Erweiterer*innen.

Chef*innen, die Teil der Mannschaft sind, begeistert. Das bedeutet, auch in schwierigen Zeiten loyal zu sein, sich auch mal vor das Team zu stellen, wenn es von anderer Seite angegriffen wird. Es heißt, sich auch hinter Mitarbeiter*innen zu stellen, wenn sie etwas verbockt haben. Leader*innen sind definitiv nicht dazu da nachzutreten, wenn jemand bereits am Boden ist. Wer hingegen zu Mitarbeiter*innen loyal ist, sichert sich deren Begeisterung über Jahre hinweg.

### Begeistern statt befehlen

Nach Jahrzehnten der illuminierten Super-Manager mit hohem IQ (I = Ich: „Ich muss nur noch schnell die Welt retten“) dämmert uns allmählich, dass die Welt zu komplex ist, um auf die Intelligenz der vielen verzichten zu können. Nicht mehr IQ ist angesagt, sondern WeQ: Die Kompetenz der vielen ist in „V-U-C-A“-Zeiten, die volatil („*volatility*“), unsicher („*uncertainty*“), komplex („*complexity*“) und mehrdeutig („*ambiguity*“) daherkommen, wichtiger als ein einzelnes Superhirn.

Leadership 4.0 ist deswegen hochgradig co-operativ! IQ reicht nicht mehr aus, denn wie genial dieses I auch sein mag: Es bleibt – sorry – dumm gegenüber der Entwicklungsgeschwindigkeit der Welt. Deshalb ist folgende Frage wichtig: Wie schaffen wir es konkret vom IQ zum WeQ? Von der Intelligenz des einen (IQ) zur Intelligenz der vielen (WeQ), denn klug werden wir nur mehr miteinander und aneinander. Die strategische Kombination vieler Lern- und Wissenskompetenzen ist nun einmal geeigneter, exponenziell wachsendes Wissen und Können zu begreifen und ergreifen.

Eine Welt, die sich permanent, scheinbar unmotiviert und dynamisch verändert und die an Ambiguität und Komplexität exponenziell und unüberschaubar zunimmt, ist für ein einzelnes Gehirn nicht mehr verwaltbar. Deshalb infizieren Leader*innen andere Menschen mit ihrer Begeisterung und ihren Visionen. Sie leben ihre Passion und begeistern ihr Umfeld.

Inspirierendes Empowerment

”

**Nur neugierige und begeisterte Mitarbeiter*innen werden bereit sein, die sicheren Küsten zu verlassen und übers offene Meer hinweg neue Kontinente zu entdecken.**

“

**Wie sieht ein inspiriertes Arbeitsumfeld aus?**

Alle Mitarbeiter*innen sind potenzielle Multiplikatoren der Passion. Es herrscht ein Betriebsklima der Freude, Arbeit muss Spaß machen dürfen, und es darf, soll, muss gelacht werden! Enthusiasmus der Mitarbeitenden wird nicht von vornherein gebremst, sondern als Quelle der Innovation betrachtet. Neugier wird belohnt, Kreativität wird gefördert, weil sie nicht nur die Mitarbeiter*innen glücklich macht, sondern dies der billigste Weg ist, das Unternehmen innovativ zu gestalten. Nur neugierige und begeisterte Mitarbeiter*innen werden bereit sein, die sicheren Küsten zu verlassen und übers offene Meer hinweg neue Kontinente zu entdecken.

> Alle Mitarbeiter*innen sind potenzielle Multiplikatoren der Passion.

Alles, was Mitarbeiter*innen intrinsisch motiviert, wird großgeschrieben, und weil sie nicht nur emotional am Firmenerfolg teilhaben sollen, werden sie daran auch tatsächlich wertschätzend beteiligt (manch mickrige Prämie ist ja eher eine Beleidigung). Mitarbeiter*innen sind keine Erfüllungsgehilfen, sondern Füllhörner: Hilfen zur vollen Erfüllung einer großen Vision, die von ihnen mitgetragen wird. Wenn unsere „menschlichen Ressourcen“ (was für ein schreckliches Wort!) tatsächlich unser wichtigstes Kapital sind (wie es im Jahresbericht immer heißt): Lassen wir es doch nicht vermodern, sondern verwenden wir es für ungeahnte Höhenflüge.

Ressourcen werden wertgeschätzt, das bedeutet, bei jedem*jeder Mitarbeiter*in wird geschätzt, wie viel unentdecktes Potenzial in ihm*ihr noch schlummert und wie wertvoll – auch in Zahlen – dieser Schatz für das Unternehmen ist. Auch die Führungskräfte interessieren sich für die Fähigkeiten und Neigungen ihrer Mitarbeiter*innen und lassen sich davon inspirieren. Alle im Team sind wertvolle Unikate und können einzigartige Beiträge leisten.

Deshalb genießt jede*r Mitarbeiter*in Wertschätzung und Respekt und darf sich selbst als bedeutsam erleben. Nicht nur Achtsamkeit – das ist mir zu wenig: Zehnsamkeit, Elfsamkeit, Hundertsamkeit – und nie Eintönigkeit! Außerdem Transparenz: Es zeugt von Wertschätzung, wenn man keine Geheimniskrämerei betreibt, sondern durch offene, ehrliche, vertrauensvolle Kommunikation jede*n Einzelne*n mit an Bord holt. Der*die Chef*in gehört dann dazu! Inspirierende Kommunikation vermittelt auch die Einladung, mitgestalten zu dürfen.

Wertschätzung erfolgt u. a. auch durch begeisternde Unternehmenskommunikation nach innen, indem die Mannschaft an Deck geholt wird und ihr erklärt, wohin die Reise gehen wird. Die Stürme werden nicht verschwiegen, die am Horizont aufziehen, der rabiate Wellengang, der den einen oder anderen nicht guttun wird; aber alle erfahren auch, welche Schätze sie erwarten, wenn alle gemeinsam die neuen Länder erreichen.

Nur Begeisterung hilft über die
Klippen hinweg, die alle Weisheit der
Erde nicht zu umschiffen vermag.
*Karl Ferdinand Gutzkow*

Durch Begeisterung für die gemeinsame Reise wird die Mannschaft (und die Frauschaft!) zusammenstehen. Nur Sklaven sitzen im Rumpf und rudern, ohne zu wissen, wohin die Reise geht. Wer das Big Picture kennt, kann sich besser mit seinen Talenten eigenverantwortlich im Sinne und im Dienst des Großen und Ganzen einbringen. Das stärkt Deine Schultern, schafft neue Freiräume, entlastet. Autonomie, Sinnhaftigkeit und Vertrauen sind Aufputschmittel der Begeisterung.

Chef*innen sollten auch eine gute Antwort auf die Sinnfrage parat haben. Gerade junge Menschen wollen genau wissen, für wen und für was, mit wem und wofür sie arbeiten. Und sie werden sich nicht mit Alibi-Aussagen zufriedengeben. Aber eine gute Antwort und das Wissen, in etwas eingebunden zu sein, was groß und wichtig und sinnvoll scheint, kann wiederum enorme Begeisterung auslösen.

Personalabteilungen (ein schreckliches Wort) sollen zu Potenzialabteilungen werden, ein Büro für die Entdeckung und Entfaltung ungeahnter Potenziale. Potenzial wiederum hat mit Perspektiven zu tun. Wer begeisternde Perspektiven im Blick hat, entwickelt Leidenschaft und die Bereitschaft, für diese sogar zu leiden. Dazu müssen Perspektiven allerdings spezifisch formuliert und angemessen sein. Sowohl Unterforderung als auch Überforderung sind Bremsklötze und Passionskiller. Begeisterung dagegen – Flow – kann entstehen, „wenn Aufgaben schwierig genug sind, um interessant zu sein, und einfach genug, dass wir ihnen gewachsen sind. Je mehr wir lernen, an dieser Kante zwischen Unter- und Überforderung zu surfen, desto öfter erleben wir Flow. Und je öfter wir Flow erleben, desto glücklicher und kreativer sind wir in unserem Leben. Wenn Du im Flow bist, dann ist es dir völlig egal, ob dich irgendjemand dafür bezahlt“, schreibt Vivian Dittmar in ihrem Buch *Echter Wohlstand*. Genau so entstehen Erfolgsmomente und großartige Storys in den Firmen.

Autonomie, Sinnhaftigkeit und Vertrauen sind Aufputschmittel der Begeisterung.

Wer hoch fliegen will,
muss andere beflügeln.

Es siegt immer und notwendig
die Begeisterung über den,
der nicht begeistert ist.
*Johann Wolfgang von Goethe*

Verantwortungsvolle Leitung traut Menschen Großes zu und sieht in ihnen nicht, was sie heute sind, sondern was sie morgen sein könnten. Leader*innen erkennen unentdecktes Potenzial und bringen es zur Entfaltung, weil die Gemeinschaft als solche erstarkt, wenn der Einzelne in sich und für andere stärker werden kann. Um richtig hoch fliegen zu können, muss man darauf achten, dass auch die Mitarbeiter*innen starke Flügel haben.

Das ist als Chef*in durchaus eigennützig gedacht: Umso besser meine Mitarbeiter*innen sind, desto wahrscheinlicher wird mein persönlicher Erfolg. Deswegen ist Zeit für Inspiration und Motivation bestinvestierte Zeit für jede*n Leader*in.

Früher zitierte man gerne das afrikanische Sprichwort: „Willst Du schnell gehen, geh alleine, willst Du weit gehen, dann musst Du zusammen mit anderen gehen.“ Das stimmt nicht mehr, und wir müssen es tatsächlich auf die heutige Zeit anpassen: Willst Du schnell und weit gehen, geh mit anderen.

## Charismatische Leitung

Nur wer sein eigenes Feuer kennt, kann etwas in anderen entzünden. Wenn Menschen Vertrauen in die eigene Passion haben, lassen sich andere entfachen. „Wo Du bist, sind immer Menschen", sagte mir vor vielen Jahren ein guter Freund. Ja, tatsächlich, ich bin gerne mit Menschen, ich erzähle gerne, und zeige liebend gerne auf, wie andere in dieser Geschichte mitspielen können. Wenn ich selbst nicht von einer Geschichte begeistert bin, erzähle ich sie gar nicht. Wenn ein*e Chef*in selbst nicht begeistert ist, wird man viel Zeit, Energie und Geld für Motivation einsetzen müssen.

Moderne Leader*innen strahlen aus, infizieren vorsorglich andere Menschen mit ihrer Begeisterung und ihren Visionen. Sie leben ihre Passion und begeistern ihr Umfeld. Ja, sie laden andere Menschen ein mitzuspielen: „Hey, ich habe diesen großartigen Traum, wollt ihr nicht mitmachen?" Und damit geben sie anderen Menschen, vor allem aber ihren Teams das Gefühl, Teil von etwas Größerem zu sein, und die Vision, Teil von etwas noch Größerem zu werden.

Vision und Passion setzen Energien für die Mission frei.

Leadership 4.0 traut Menschen generell Großes zu und sieht in ihnen nicht, was sie heute sein mögen, sondern was sie morgen werden könnten. Sie erkennen ungeahntes Potenzial und bringen es zur Entfaltung; weil die Gemeinschaft als solche erstarkt, wenn der Einzelne in sich und für andere stärker werden kann. Das ist Anreiz und inspirierende Quelle für begeisterte und begeisternde Möglichmacher*innen, damit jede überindividuelle Gemeinschaft um sie herum wachsen und sich verbessern kann!

Charismatische Leader strahlen aus und werden deshalb gesucht. Menschen sind gerne Teil einer großartigen Idee. Aber diese Menschen wollen mitgenommen werden, sie wollen auch (Spiel-)Raum erhalten. Teams inspiriert man am besten durch inspirierende Herausforderungen. Ohne Vision verwildert ein Volk, und ohne Challenge hat ein Team wenig bis keine Motivation. Begeisternde, motivierende Neugier ist schließlich Triebfeder jeder Erneuerung und zugleich begeisternd. Klare Zielsetzungen erzählen, welchen Beitrag der*die Einzelne zum großen Ziel beitragen kann.

> Das Ziel ist, nicht einfach die Ziellinie zu erreichen, sondern zu schauen, wie viele Menschen Du inspirieren kannst, mit dir zu laufen.
>
> *Simon Sinek*

Die ideale Firma wird zu einem co-operativen Konglomerat von kollektiv denkenden Zusammen-Arbeitenden, und der Arbeitsplatz wird zum kreativen agilen Co-Laboratorium. Über inhaltsloses Nachhaltigkeits- und Gemeinwohlgeschwätz hinaus geht es heute darum, Unternehmen zu bauen, die die Menschen und die Umwelt inspirieren und dauerhaft und wert-voll Leuchtturm sein können für Gesellschaft und Umfeld, entlang einer dreifachen ökonomischen, ökologischen und sozialen Wertschöpfung.

Das wahre Geheimnis des Erfolgs
ist die Begeisterung.
*Walter Percy Chrysler*

## Begeisterung für unsere Gesellschaft

**Wir horizonten**

Ein befreundeter Trainer aus unserem Trainernetzwerk (xpand) ließ für einen Kongress Sticker drucken mit unserem Claim: „xpand your horizon." Nun, das war die Absicht, denn ein blöder Druckfehler machte daraus: „xpand you horizon", das r war verloren gegangen. Mein Freund war darüber recht frustriert, er hatte sich sehr auf die Sticker für die Teilnehmer gefreut, nun wollte er sie einstampfen lassen. „Aber ist das nicht immer noch stimmig, mehr denn je?", fragte ich beim Verdutzten nach, „ist es nicht so, dass wir alle die Fähigkeit haben, den Horizont von anderen Menschen zu erweitern oder eben zu verkleinern? Insofern stimmt der Spruch, vielleicht sogar mehr als vorher: Wir „horizonten". Wir haben die

Möglichkeit, vom großen Ozean zu erzählen und von den verborgenen Schätzen oder aber vom Meer, in dem Ungeheuer hausen und wo man sich besser nicht hinbegibt.

Du bist der Horizont für andere, Du inspirierst oder auch nicht. Die ganz konkrete Frage an Dich (ich habe sie von Nelson Mandela übernommen) ist also: Wirst Du so handeln, dass dadurch die Gemeinschaft um Dich herum befähigt wird, sich zu verbessern? Sei ein*e Potenzial-Entfalter*in, ein*e Ermutiger*in, ein Motivator*in, ein*e Möglichmacher*in. Wir brauchen inspirierte Menschen, die anderer Menschen Leidenschaften zum Lodern bringen.

**Inspiring people**

Wir brauchen für eine bessere Welt

1. eine Gruppe von inspirierten Menschen,
2. die nichts lieber tun, als wiederum andere Menschen zu inspirieren.

Wir brauchen sie überall: in der Partnerschaft, in der Nachbarschaft, in den Schulen, Vereinen, Parteien, Organisationen, Unternehmen.

Wir werden diese Energie brauchen für das, was kommen wird. Wir wollen ja nicht Opfer unserer Zukunft sein, sondern

Baumeister*innen. Okay, es werden die rationalen Ingenieur*innen sein, die die neuen Städte planen. Es werden die humorlosen Klimaforscher*innen sein, die uns die bedrohlichen Modelle der Klimaerwärmung vorrechnen. Und es werden die berechnenden Investor*innen sein, die die notwendigen Finanzmittel für den großen Wechsel zur Verfügung stellen. Aber es werden die Begeisterer*innen sein, die die Menschen für eine Idee der neuen Welt mitreißen werden.

Nur wer sich echt begeistern kann,
ein Riesenwerk bemeistern kann.
*Jüdische Weisheit*

Wir müssen endlich aufhören, groß zu denken, und beginnen, größer zu denken. Wir sollten Schluss machen, in Mittelmäßigkeiten zu denken, und das Erhabene anstreben. Wir sollten aufhören, nur mehr zu arbeiten, und zu Meister*innen, Könner*innen, Künstler*innen werden, in allen Bereichen!

**Begeisterung ist der Zauberstab der Transformation**

Wenn wir die Veränderung sein wollen, die wir in der Welt sehen wollen (wie Mahatma Gandhi vorgeschlagen hat), müssen wir Begeisterung entwickeln, für eine Welt, die wir sehen möchten, für eine Schule, die wir sehen möchten, für Beziehungen, die wir leben möchten.

„

**Wir brauchen Möglich-Macher*innen, die ein Umfeld der Begeisterung installieren und kultivieren.**

“

Nichts werden wir in Zukunft mehr brauchen als lebendige, begeisterte Menschen in unseren Unternehmen, in Politik und Wirtschaft, begeisterte Lehrer*innen in unseren Schulen, begeisterte Mitmenschen in allen Lebensbereichen. Wir brauchen Leitfiguren, die zu Light-Figuren werden und Lust haben, an einer besseren und glücklicheren Welt für alle zu bauen. Dafür benötigen wir inspirierte Storyteller, die Geschichten von besseren Welten erzählen, aber vor allem Menschen, die uns diese Storys vorleben, denn die besten Geschichten werden zunächst gelebt – vorgelebt. Und davon werden sich Menschen begeistern lassen.

Wir brauchen Möglich-Macher*innen, die ein Umfeld der Begeisterung installieren und kultivieren. Ermutiger*innen, die andere Menschen auffordern, ihre Begeisterung zu finden und zu leben. Einfach-Macher*innern, die uns darauf hinweisen, dass wir die Welt manchmal gar nicht so kompliziert, sondern mehr mit der Brille der Leidenschaft sehen sollten.

> Wir brauchen Feuer-Entfacher*innen der Passion.

# EINFACH BEGEISTERT LEBEN

Im Grunde ist es doch ganz einfach: Lass Dich von Dir und Deiner Begeisterung leiten. Finde zu einem persönlichen Lebens- und Arbeitsstil der Begeisterung. Das ist einfacher, als Du denkst: Manchmal genügt es, sich die eigene Begeisterung zu erlauben und diese auch anderen Menschen zu zeigen. Manche Menschen stärken unsere Gesellschaft einfach dadurch, dass sie sind, wer sie sind und wie sind.

**Begeisterung hat viele Namen:** Nenne es, wie Du es willst: Enthusiasmus, Inbrunst, Entzückung, Euphorie, überschwängliche Freude, Lust und Elan, engagiertes Vergnügen, Riesenspaß am Tun, Flow. Du kannst Dir auch gerne selbst einen Namen dafür erfinden. Aber suche, was Dich begeistert.

**Begeisterung macht Freude:** Wer mit Freude an etwas arbeitet, vergisst die Zeit um sich herum und wird sein Tun nicht mehr als Arbeit empfinden. Man muss dann keinen Tag im Leben mehr arbeiten!

Etwas gerne tun
macht jede Last leichter.
*Ovid*

**Begeisterung gibt Sinn:** „Was zeichnest Du denn da?“, fragte die Lehrerin. „Ich zeichne Gott“, sagte das kleine Mädchen. „Aber Gott kann man nicht zeichnen, niemand weiß, wie Gott aussieht ...“ Das kleine Mädchen hielt kurz inne und meinte dann: „Geben Sie mir zwei Minuten Zeit, dann bin ich fertig. Dann zeige ich Ihnen Gott.“ Diese kleine Geschichte, die ich irgendwo gehört habe, mag uns verdeutlichen, dass wir den Sinn unserer Begeisterung zunächst vielleicht gar nicht erfassen. Einfach tun, der Sinn stellt sich dann schon noch ein ...

**Begeisterung bringt uns der wahren Mission auf Erden nahe:** Um Sinn entfalten zu können, braucht es Autonomie. Man muss Spielraum für Entfaltung haben dürfen. Wenn Du Energie beim Tun spürst, bist Du Deiner Leidenschaft nahe! Krank, unzufrieden, frustriert und unmotiviert werden wir immer dann, wenn wir den Sinn unseres Tuns nicht (mehr) verstehen.

Alles ist miteinander verbunden,
und hat einen Sinn. Obwohl dieser
Sinn meist verborgen bleibt,
wissen wir, dass wir unserer wahren
Mission auf Erden nah sind,
wenn unser Tun von der Energie
der Begeisterung durchdrungen ist.
*Paulo Coelho*

**Begeisterung gibt klare Ziel vor:** Der Spruch „*Follow your Passion*“ bringt es genau auf den Punkt, denn unsere Passion weiß, was sie will, sie macht die Ziele klar. Die Passion kann sehr gut Prioritäten setzen: Alles, was der eigenen Leidenschaft hilft, ist gut; alles, was ihr im Wege steht, ist Ablenkung.

**Begeisterung hat einen langen Atem:** Wenn man begeistert ist, gibt man nicht so schnell auf. Man hält einfach länger durch und an der Sache fest. Wenn andere schon die Flinte ins Korn werfen würden, sind Enthusiast*innen immer noch mit derselben Leidenschaft dran.

**Begeisterung hält Niederlagen aus:** Auch Niederlagen sind Erfolge, schließlich steckt man im Lernprozess und wird es begeistert noch einmal versuchen. „Ich bin nicht gescheitert – ich habe erfolgreich 10.000 Wege entdeckt, die mich nicht zum

”

**Passion verwechselt nie wirklich Wichtiges mit Unwichtigem.**

“

Ziel gebracht haben“, sagte Thomas Alva Edison. Warum? Weil er begeistert war, immer wieder Neues zu entdecken.

**Begeisterung lässt sich nicht entmutigen:** Enthusiast*innen sind kaum entmutigbar. Sie sind imstande, sogar den Mist, den sie bauen, in Dünger zu verwandeln. Sie sind Meister*innen des *fail forward*: „Scheitern, noch einmal scheitern, besser scheitern“ und damit absolut modern!

Erfolg besteht darin,
von Fehlschlag zu Fehlschlag
zu gehen, ohne seine Begeisterung
zu verlieren.

*Sir Winston Churchill*

**Begeisterung motiviert:** Geld, Prämien, Lob, Karrieresprünge kommen von außen und motivieren nur kurzfristig. Aber Begeisterung ist da, ohne Geld, Prämien, Lob und Karrieren. Deshalb ist Begeisterung die Grundlage jeder Produktivität. Wie viel Geld könnten sich Unternehmen sparen, wie viel Umsatz könnten sie generieren, würden sie die Power der Begeisterung entdecken.

**Begeisterung ist ansteckend:** Denk zurück an das letzte Mal, als Dir jemand etwas begeistert erzählt hat. Auch wenn Du keine Ahnung von der Materie hattest, so hat Dir doch das

Funkeln in den Augen, das Beben, der begeisterte Pulsschlag dieses Enthusiasmus Freude bereitet. Der Begeisterung kann man sich nicht entziehen.

Versuche es nur eine Woche lang selbst: Freue Dich über das, was Dich begeistert, erzähle davon. Die Menschen werden Deine neue Ausstrahlung bemerken und positiv davon berührt sein. Begeisterung ist übertragbar, kontagiös, ansteckend – und was kann uns schon Besseres passieren!

**Begeisterung hält jung:** Begeisterung ist ein Jungbrunnen! Unsere Leidenschaften altern schließlich nicht. Wer sich mit 66 verliebt und Passion hat, hat doch nicht weniger Herzklopfen als mit 16.

> Wer die Gottesgabe der Begeisterung
> besitzt, der wird wohl älter,
> aber niemals alt.
> *Johann Gerhard Oncken*

Deshalb ist Begeisterung das effektivste Anti-Aging-Rezept, weil man die Fähigkeit zur Begeisterung nicht verliert. Man kann sie immer wieder in Gang setzen.

> Mit den Jahren runzelt die Haut.
> Die Seele aber runzelt mit dem
> Verzicht auf Begeisterung.
> *Albert Schweitzer*

Lass doch nicht zu, dass Deine Seele runzelt!

**Begeisterung ist ehrlich:** Es gibt wohl auch Versuche einer gekünstelt vorgespielten Begeisterung (etwa, wenn sich amerikanische Damen um den Hals fallen und sich mit „*Oh my God*"-Komplimenten über die jeweils gewählte Garderobe gegenseitig übertreffen). Begeisterungsheuchler*innen fallen aber in der Regel bald auf und werden schnell entlarvt. Begeisterung ist total ehrlich. Man kann Interesse für eine Sache, für eine Idee, für Menschen nicht simulieren oder vorgaukeln.

**Begeisterung verbindet:** Begeisterung für eine gemeinsame Sache schweißt zusammen und ist wie Kitt für Teams. Eine Mannschaft, die geeint ist in einem leidenschaftlichen Gefühl der gegenseitigen Verbundenheit und fokussiert auf ein gemeinsames Ziel auf der Basis von gemeinsamen Werten, verändert die Welt.

**Begeisterung erfindet:** Begeisterung macht per se neugierig, wissbegierig. Begeisterung will hinter den Horizont schauen, weshalb es als kreative Schaffenskraft bezeichnet werden kann.

**Begeisterung bringt Veränderung:** Wenn Du etwas verändern willst: Begeistere! *Inspire!* Begeisterung ist die Zauberformel!

**Begeisterung macht gesund,** weil Begeisterung für sich selbst Sinn ergibt und sinnvolle Sachen uns gesund machen; weil Begeisterung Freude produziert und mit Lachen und Humor einherkommt.

**Begeisterung ist ansteckend:** Wir sollten das Recht zur Ansteckung nicht doofen Viren überlassen. Wir haben mit Begeisterung dieselbe Power, die wir freisetzen können.

**Begeisterung macht erfolgreich:** Man kann erben oder im Lotto gewinnen, aber ansonsten ist es ziemlich unwahrscheinlich, dass jemand ohne Begeisterung reich – im Sinne von reich an Geld – wird. Demgegenüber gibt es zahlreiche Beispiele, wie jemand durch Begeisterung tatsächlich auch ökonomisch sehr erfolgreich wurde.

**Begeisterung ist pure Energie:** Manchmal fragen mich die Menschen, warum ich nie müde bin. Meine Antwort: Weil ich das meiste, das ich so den ganzen Tag mache, mit Begeisterung tue. Begeisterung ist meine Tankstelle.

Begeisterung ist das Blitzen
in deinen Augen,
der Schwung deines Schrittes,
der Griff deiner Hand,
die unwiderstehliche Willenskraft
und Energie zur Ausführung
deiner Ideen.
*Henry Ford*

**Ja, gibt es denn nichts Negatives?** Doch, Begeisterung kann aus dem Ruder laufen, außer Kontrolle geraten. Im Laufe der Geschichte waren wir auch von Führern, Ideen, Weltanschauungen begeistert, die schreckliche Auswirkungen auf die Welt hatten. Begeisterung lodert und brennt, hinterlässt aber nie verbrannte Erde.

Es ist ein Brand von solcher Art,
dass ich brenne, aber nicht verbrenne.
*Augustinus*

# 50 TU DU'S – EINE ROADMAP ZU DEINER BEGEISTERUNG

1. **Lese Dich ein in die göttliche Kraft der Begeisterung** (dieses Buch genügt vorerst).

2. Sauge alles auf, was mit Begeisterung zu tun hat. Werde **Sammler*in von Inspirationen.** Sammle Sprüche, die Dich begeistern und Dich aufbauen können; gute Gedanken, die Dich inspirieren; Fotos, die Dich enthusiastisch werden lassen oder Dich anspornen.

3. „Es ist nie zu spät, zu werden, wer man hätte sein können" (George Eliot). Führe ab sofort ein **Inspirational-Diary,** ein Tagebuch der Passionen und der Inspirationen. Hier notierst Du Dir Gedanken, Sprüche, Zitate, die Du Dir als Einhauchung merken möchtest. Du kannst Dir dafür ein eigenes Notizbuch anlegen (es darf ruhig wertvoll sein). Welcher Satz? Welches Motto? Welches Zitat? Welche

Erzählung? Du darfst niemals aufhören, Inspirator*in Deiner selbst zu sein. Sei wie ein Schwamm, nimm auf, was Dich inspiriert. Wenn Du nicht brennst, bleiben andere erloschen.

4. Nimm Dir Zeit für Deine Momente der Inspiration. Täglich! **Gib jedem Tag die Chance, ein besonderer Tag der Begeisterung zu sein.** Denke am Morgen nach, wie es einer werden könnte, und reflektiere am Abend, ob es tatsächlich einer geworden ist. Notiere es!

5. Ein Tag in der Woche – vielleicht der Dienstag, aber es kann genauso gut jeder andere Tag sein – sollte von nun an Dein **„Begeisterungs-TuEs-Day“** werden; oder Dein „Inspiration FREIday“. So hast Du einen fixen Termin für Deine Begeisterung.

6. Entdecke die **Begeisterungen Deiner Jugend** wieder. Reserviere in Deinem Inspirationstagebuch eine Abteilung „Passion-History: Die Geschichte meiner Leidenschaften“. Immer dann, wenn eine grandiose Erinnerung oder Story oder ein altes Foto aufkommt, notierst Du dies.

7. Hol Dir Deine **Inspirations-Songs** – die von früher (bei mir ist das z. B. „*I put my Blue Jeans on*“, „*I can*’t stand *the rain*“,

„*Cotton Eye Joe*") und die von heute. Welcher Song? Welche Band? Welches Album? Welche CD? Mit all den Songs, die Dir einfallen, kannst Du Dir Deine *Inspirational Playlist* erstellen. Das funktioniert auch mit Klassik: „*Vincerò*"... Finde die Top-10-Songs (oder gar Top 50, Top 100) Deines Lebens. Du kannst gerne dazu singen und/oder tanzen.

8. Lass Dich von Deinem **Inspirations-Film** wieder begeistern: Nimm Dir die Zeit, einen Film, der Dich einmal absolut begeistert hat, wieder anzuschauen. Bei mir wären das z. B. „*Blues Brother*'s" oder „Einer flog über das Kuckucksnest". Die Zeit wird sich lohnen!

9. Reflektiere über **begeisternde Menschen,** die Dich inspiriert haben. Wer hat deine Leidenschaften entfacht? Denke an Deine (erweiterte) Familie, Deine Lehrer*innen, Deine Freund*innen. Was hatten diese Besonderes an sich? Was konnten sie besonders gut? Wie waren sie? Denke an Menschen, über die Du etwas gelesen hast (vielleicht hast Du gar eine Lieblingsbiografie). Welcher Sportler? Welcher Künstler? Nicht nur Stars: Welche einfachen Menschen (aus Deiner Nachbarschaft, in Deinem Unternehmen, bei Deinem Verein) imponieren Dir und warum?

10. Schaue Dir inspirierende **Kunstwerke** an. Gibt es Gemälde, die Dich begeistert haben? Welche Stile? Welches Design?

11. Stöbere in Deiner Bibliothek, in Deiner Buchsammlung. Welches **Buch** hat Dich begeistert oder tut es aktuell? Reserviere Dir einen Abend zum Nachblättern in Deiner Vergangenheit. Setz Dich hin mit einem guten Glas Whiskey oder Wein und stöbere und blättere darin. Kommen Erinnerungen auf? Nimm Dir Zeit für Deine persönliche Nachlese der Begeisterung. Oder war es eine Kinderkassette mit Märchen? Ein Kinderbuch?

12. Welches Essen begeistert Dich? Erinnerst Du Dich an besondere **Gerichte?** Was hat doch Oma einmalig gekocht und die Mama? Koche es nach! Ein Abend für Dein allerliebstes Lieblingsrezept: selbst kochen oder gar helfen lassen.

13. Hol Dir Deine Urlaubserinnerungen wieder. Blättere im Fotoalbum oder mache Dir ein Fotobuch: **Meine Passion-Pictures.** Welche Reise? Welche Landschaft? Welches Naturerlebnis? Ich wähle mir selbst auch ein „Foto des Jahres“: Du wirst staunen, welche eindrucksvolle Sammlung über die Jahre entstehen wird.

14. Verbringe begeisterte Zeit mit Deinem*Deiner **Partner*in.** Holt ein romantisches Dinner nach. Schreibt euch gegenseitig auf einen Zettel drei Erinnerungen, Eigenschaften, Merkmale, Aussagen, Ideen, die euch während eurer gemeinsamen Zeit begeistert haben. Erinnert euch an eure erste Reise. Oder fahrt doch einfach ein paar Tage wieder an den Ort eurer Lieblingsreise. Why not!

15. **Family-Inspirations-Talk.** Nun erweitern wir diese Tu Du's auf die ganze Familie: Ein Abend, wo jede*r jeder und jedem erzählt, wodurch man inspiriert worden ist.

16. **Begeisterungsstammtisch mit Freund*innen.** Erzähle Deinen Freund*innen aufgrund der bisherigen Tu Du's von Deiner (wiederentdeckten) Begeisterung. Du schämst Dich? Lass Dich darauf ein! Du wirst sehen: Selten wirst Du so punkten: „Liebe Freunde, ich habe mich im letzten Monat intensiv mit meiner Begeisterung beschäftigt, und wisst ihr, was ich herausgefunden habe?"

17. Auf was bist Du eigentlich noch neugierig? Mache Dir eine Liste und investiere jede Woche 60–90 Minuten in Deine **Neugier.** Für die nächsten Wochen bist Du eingeladen, mit Deinem eigenen Enthusiasmus auf visionäre Entdeckungsreise zu gehen. Du bist eingeladen, Bilder

Deiner Zukunft zu zeichnen, die Deine eigene und die Begeisterung anderer auslösen könnten. Begeistern bedeutet nicht, sich ein bisschen zu freuen, ein müdes Lächeln abzuringen oder ein wenig freundlich zu sein, nein: Begeistern heißt begeistern!

18. Welches **persönliche Lebensbild von Deiner Zukunft** würde Dich wirklich begeistern? Denke an Deine Zeiteinteilung, an Deine Aufgabenplanung, an Deinen Körper (Sport, Gesundheit), an Deine Hobbys, an Deine Leidenschaften, an Deine Beziehungen, an Deine Familie, an angestrebte Ziele, an ungemachte Reisen, an unerfüllte Träume. Womit könntest Du Dich jeden Tag (!) beschäftigen, ohne dass Dir dabei langweilig wird, und worüber könntest Du jeden Tag mit anderen Menschen reden. Hey, dieser Punkt hier ist lebenswichtig!

19. Mach Deine persönliche **Wut-Liste**. Was ärgert Dich in Deinen Beziehungen, an Deiner Arbeit, an der Gesellschaft? Was schafft Dir Leiden, was hasst Du? Was magst Du nicht am Zustand der Welt? Deine persönlichen No-Go's: Womit müsste man definitiv aufräumen? Welche Weggefährten könnten Dich dabei unterstützen? Womit könnte man beginnen?

20. Schreibe Deine **Liste der** Passionskiller! Wer oder was törnt Dich ab, schläfert Dich ein, raubt Dir Lebensenergie? Bei welchen Menschen schlafen Dir sogar die Fußnägel ein?

21. Lege Dir eine **Umweg-Liste** an: Menschen, die Du nicht mehr treffen möchtest, Inspirations-Vampire, weil sie Deine Energien und Begeisterung aufsaugen und Dich „inspirationell" töten.

22. Deine Begeisterung und Deine Leidenschaften sind vielleicht gute Indizien zu Deinen Stärken und Fähigkeiten. Führe eine **Liste der Stärken,** die auf Passion beruhen, und schreibe permanent an dieser weiter. Hier kannst Du auch Werte, Charakterstärken oder Persönlichkeitsmerkmale notieren.

23. Dabei können Dir **Erfolgsstorys,** die Du selbst schon geschrieben hast, helfen. Denke über Deine Geschichten nach, und fasse sie kurz zusammen (auch nur in Stichworten, in Skizzen): Welche positiven Geschichten über Dich als Kind wurden erzählt? Wann ist Dir etwas außergewöhnlich gut gelungen?

24. *Unlock your potential*! – **Lass Deinem Potenzial freien Lauf!** Du brauchst nicht zu meinen, dass Du schon alles über Dich herausgefunden hast! Du bist eine Mine, und wahrscheinlich schlummern noch viele unentdeckte Diamanten in Dir. Versuche, noch mehr über Dein Potenzial, über die in Dir angelegten Möglichkeiten herauszufinden. Mache Dich auf die Suche nach dieser Energie, die noch unverwendet in Dir steckt (es gibt genügend Programme dafür).

25. **Lerne wieder!** Denke nach, worüber Du Lust hättest, mehr zu lernen. Vergiss nicht, als Kind hast Du so gerne gelernt, und Du warst begeistert von Deinen Erfolgen, wenn Dir etwas gelungen ist. Du hast gestrahlt, als Du die ersten Schritte allein geschafft hast; Du warst so was von stolz, wenn Du Aufgaben gelöst hast. Worauf hättest Du Lern-Lust? Hol Dir Lernangebote aus dem Netz, und prüfe, ob Du das eventuell wirklich lernen solltest. Achtung: Der Passionskiller „Ich habe keine Zeit dafür“ wird umgehend kommen! Lass Dir davon nicht Deine Entwicklungsmöglichkeiten zur Sau machen!

26. Werde doch einfach, wer Du sein könntest! Getraue dich! **Zeichne ein zukünftiges Bild von Dir,** das Dich begeistert. Was müsstest Du dafür können, wissen, lernen?

27. Lass auch Deine **sinnliche Seite** wieder zu. Begeisterung funktioniert auch (und vor allem) über die Sinne und über Sinnlichkeit. Denke darüber nach, welche Passionen und Leidenschaften Deine Sinne antreiben. Erinnere Dich an Deine Passionsstorys. Wühle Dein Liebesleben auf, lass es Revue passieren. Wann warst Du im siebten Passionshimmel, an welches Kribbeln im Bauch erinnerst Du Dich? Gehe die Momente einzeln und im Detail durch. Was ist mit Deinem Körper passiert, wie haben die Gefühle verrückt gespielt?

28. ***Surprise!*** Welches Geschenk, welche Überraschung würde Deine*n Partner*in in den Himmel der Begeisterung katapultieren? Wäre eine solche Überraschung machbar? Schmiede einen Überraschungsplan!

29. Begeistere auch andere Menschen mit einer Überraschung. **Werde Überrascher*in!** Was würde bei Deinen Kindern wirken? Bei Deinen Freund*innen, Eltern, Kollegen? In der Nachbarschaft? Im Verein? Im Dorf?

30. **Werde zum*zur Begeisterer*in!** Was könnte aus anderen Menschen aus Deiner Umgebung werden, wenn sie ihre Einmaligkeit entdecken würden? Und wie könntest Du – ja, genau Du – sie dazu inspirieren?

31. Welche Teamkonstellation würde Dich begeistern? Bei welchen **Dream-Teams** möchtest Du dabei sein? Wie könnte aus Deinem jetzigen Team tatsächlich ein Dream-Team werden? Was bräuchte es dazu? Hättest Du einen begeisternden Team-Dream? Womit könnte man die Teammitglieder inspirieren? Wer hat welche Leidenschaften, worüber könntet ihr euch demnächst unterhalten? Und was erwartest Du Dir tatsächlich von Deiner Arbeit, Aufgabe, Funktion? Was würde Dich im Job glücklich machen, jeden Tag? Was wäre denn ein cooler gemeinsamer Team-Dream für Dein Dream-Team? Diskutiert darüber!

32. **Peppe Dein Arbeitsleben auf!** Welche begeisternden Ideen könntest Du in Deiner Firma einbringen? Mit welchen Kolleg*innen, mit wem aus der Leitung könntest Du konkret darüber reden?

33. Oder ist gar ein beruflicher Wechsel angesagt? Bei welchem Unternehmen würdest Du gerne arbeiten und in welcher Funktion? Was könnte Dich begeistern? Wenn Du nur mehr auf die Rente wartest: **Job-Change!** Das ist besser, als begeisterungslos die guten Jahre deines Lebens abzuspulen.

34. **Sag „Ja" zu Chancen,** die sich Dir bieten, auch wenn sie im Moment zu groß, unmachbar, geradezu unmöglich scheinen. Im Unmöglichen stecken unglaublich viele Möglichkeiten. Das meiste, was heute möglich ist, war einmal unmöglich.

35. Sag hingegen **„Nein" zu dem, was Dich ungut fesselt.** Du brauchst Entfesselung, lass Dich also nicht zumüllen mit Aufgaben, die Du definitiv nicht magst. Und pass auf, dass Du Deine Zeit nicht mit Zeitfressern (sie lauern überall: in den sozialen Medien, auf der Straße, vor allem in Meetings) vergeudest.

36. **Inspiriere andere!** Welche ersten Schritte würden Deine Nachbarschaft inspirieren oder allgemein Menschen in Deiner Umgebung? Ein Fest? Ein gemeinsames Anliegen zur Verbesserung? Ein Inspirationsabend? Welche ersten Schritte würden Dein Dorf, Deine Stadt, Region, Dein Land inspirieren? Werde selbst zum Leuchtturm, sei radial, strahle aus!

37. **Sei hoffnungsvoll,** denn Hoffnung ist die Leidenschaft für das Mögliche! Wofür lohnt es sich tatsächlich, Deine Energie einzusetzen? Wofür lohnt es sich, mit aller Energie zu kämpfen?

38. **Staune jeden Morgen** darüber, dass Du ein Kunstwerk bist, so wie Du bist, und sei begeistert von Dir selbst und von den Möglichkeiten, die Du hast (wenn Du daran glaubst). Habe ein Lächeln für Dich selbst. „La vita è bella", das Leben ist schön.

39. **Sei einfach begeistert von Deinem Leben!** Und werde von heute an zum leidenschaftlichen Hauptdarsteller im begeisternden Film deines Lebens. Und spiele die Rolle so gut, dass andere darüber staunen werden.

40. Überhaupt: **Spiele!** Verabschiede dich vom Gedanken, dass seriöse Menschen nicht mehr spielen, im Gegenteil. In dieser komplexen non-linearen Welt ist ein begeisterndes Lebens-Spiel die einzig ernsthafte Alternative.

41. **Reaktiviere Dein Lachen!** Humor, Spaß, Blödsinn, Gags – das alles macht gute Laune und begeistert. Menschen, die lachen, leben länger und strahlen aus. Ärgere entgeisternde Unsympathen mit deiner guten Laune.

42. Und trotzdem: ***Speak life.*** Habe ein aufbauendes Wort für alle Menschen in Deiner Umgebung, auch wenn nicht immer alles perfekt läuft. Du musst nicht alle mögen, um ihnen etwas Nettes sagen zu können. Worte ermuntern

und bauen auf. Entdecke begeisterndes Potenzial in anderen Menschen. Staune über sie! Mache kleine Komplimente, auch das sind Geschenke. Wir haben jeden Tag die Macht, Gutes zu sprechen, Menschen aufzubauen und zu inspirieren. Beginne bei Dir selbst, und nimm andere mit!

43. **Verzaubere die Welt!** Begeisterung ist unser Zauberstab, Du kannst damit wie von Zauberhand zum Verwandlungskünstler werden.

44. **Fordere dich heraus.** Herausforderungen – neudeutsch: *Challenges* – begeistern ungemein. Werde wieder zum Kind, das etwas erreichen will. Tu gut, was dir guttut!

45. Zum Beispiel: **Sei sportlich aktiv!** Mit diesem Punkt tue ich persönlich mich schwer, weil ich ein absoluter Sportmuffel bin, aber: Körperliche Tätigkeit und Disziplin begeistern! Ich habe es bis jetzt nur im Kleinen erlebt, doch Bewegung jeglicher Art animiert nachweislich unsere Glückshormone.

46. Such Dir ***Passions-Partner*innen,*** Begeisterungsmentor*-innen, mit denen Du Dich austauschen und gegenseitig hochschaukeln kannst. Es hilft, wenn man nicht allein

unterwegs ist, geteilte Begeisterung ist doppelte Begeisterung.

47. **Bereichere Dich! Investiere in Deine Passionen!** Wer in Leidenschaften investiert, wird Freude ernten. Und verschenke Dich und Deine Leidenschaften. Es lohnt sich: Wie bei jedem Geben wird man reicher, wenn Du Dich und Deinen Enthusiasmus verschenkst.

48. „Ich bin kaputt", „Es ist zu heiß", „Es ist zu kalt", „Es regnet", „Es ist Montag", „Es ist zu spät", „Ich kann das nicht", „Schön wäre es schon, aber ..." – keine Ausreden: *Come on! Let's go!* Entwickle Dir eine **Passions-Struktur**! Du kannst wahrscheinlich nicht komplett aus Deinen nicht begeisternden Verpflichtungen aussteigen, dennoch musst Du Dir Deine wertvollen Zeiten und Energien auch nicht wegfressen lassen. Eine Struktur kann Dir helfen: Zeiten für Normales, Zeiten für unemotionales Tun, *Time for Passion*. Je bedeutender Letzteres in Deiner Struktur und Planung wird, umso besser.

49. Was soll einmal auf Deinem Grabstein stehen? „Hier ruht ... Er*Sie hat uns begeistert durch ...?" Hänge Dir die Zeichnung von Deinem Grabstein, von Deinem Lebensmotto, von Deinen Begeisterungsquellen in der Wohnung auf. Ich

kenne Menschen, die haben einen motivierenden Spruch am Kühlschrank kleben. Andere haben ein Foto ihrer Familie am Arbeitsplatz (es begeistert Dich vielleicht, auch wenn Du mal eine stupide Arbeit machen musst). **Umgib Dich mit allem, was Dich inspirieren kann.** Die Begeisterung darf einen prominenten Platz in deiner Umgebung bekommen.

50. Hol Dir hier weitere Inspirationen für ein Leben in Begeisterung: www.maestromanfred.com. Hier gibt es u. a. wöchentlich neue Inspirationen, hier gibt es auch regelmäßige Updates zu diesem Buch. Und damit wären wir wieder bei Punkt 1 …

# LUST AUF MEHR? – SEMINARE ZUM BUCH

## Maestro Manfred's Inspiring Nuggets (inhouse – online)

„Ohne Begeisterung ist alles nichts."

Wir haben ein innovatives und agiles Lernformat konzipiert, das allen neuen Erfordernissen moderner Weiterbildung entspricht. Unsere Nuggets sind …

- in sich geschlossene Lerneinheiten, eingebunden in einen systemischen Lernparcours;
- inhaltlich und zeitlich eng und agil abgestimmt mit der Unternehmensleitung;
- mit inspirierenden Themen gefüllt;
- abwechslungsreich, spannend und co-creativ aufbereitet;
- vermittelt von Trainern mit höchster beruflicher und menschlicher Kompetenz und Qualität.

Jedes Passion-Nugget erfüllt also drei Erwartungen:

1. Es ist eine in sich geschlossene Inspiration, eine Quelle frischer und begeisternder Gedanken und Impulse zu einem spezifischen aktuellen Thema. Eine Horizonterweiterung an Wissen und Erfahrungen.

2. Jedes Nugget peilt konkrete Lern- und Erfolgsziele an. Durch konkrete praktische Übungen und die aktive Teilnahme wird garantiert, dass alle Teilnehmenden am Ende eines jeden Nuggets greifbare, umsetzbare Ziele für sich und das Unternehmen erarbeitet haben.

3. Dadurch ergibt sich automatisch ein kohärenter – modular planbarer – Lernparcours. Weil jedes Nugget zugleich Inspiration ist für nächste Themen, wird by the way deutlich, „was dran ist", also welche Themen intensiviert oder ergänzt werden sollten. Auch Fortbildungen Dritter können somit in einen sinnvollen Lernkontext eingebunden werden.

**Passion for #Crises** (über neutrale Zonen und ihre Bewältigung)
**Passion for #Change** (über die Kraft der Veränderung)
**Passion for #Clients** (Wie zum Geier geht Kundenbegeisterung?)
**Passion for #Creativity** (Ideen sind das Gold der Zukunft)
**Passion for #Curiosity** (über Neugier als ein Treiber für Innovation)
**Passion for #Education** (über die Lust am Lernen)
**Passion for #Feedback** (Feedback ist das Frühstück der Champions)
**Passion for #Future** (Zukunft war noch nie so spannend wie heute)
**Passion for #Heroes** (Werde Teil einer großen Geschichte)
**Passion for #Leadership 4.0** (be, inspire, lead, build)
**Passion for #Mentoring** (Mentoring ist das bessere Coaching)
**Passion for # Potentials** (über Potenzialentdeckung, -entwicklung und -entfaltung)
**Passion for # Public Speaking** (über die Kunst der inspirierenden Rede)
**Passion for #Resilience** (Robust und antifragil in die Zukunft)
**Passion for #Storytelling** (Kunden kaufen Geschichten)
**Passion for #Teams** (WeQ – More than IQ)
**Passion for #Values** (Werte als begeisternder Leitfaden)

## Literaturhinweis

Einige Textstellen in diesem Buch könntest Du vielleicht schon einmal gelesen oder gehört haben. Tatsächlich sind Teile des Inhalts auch schon in Zeitungsartikeln und Hörbüchern verarbeitet worden. Außerdem in meinem Beitrag zum Buch:

*Begeisterung verleiht Flügel.* In: **Future Skills – 30 zukunftsentscheidende Kompetenzen und wie wir sie lernen können;** Verlag Franz Vahlen, München: 2021; S. 72–81.

**Bibliografische Information**
**der Deutschen Nationalbibliothek**
Die Deutsche Nationalbibliothek verzeichnet diese Publikation in der Deutschen Nationalbibliografie; detaillierte bibliografische Daten sind im Internet abrufbar: http://dnb.d-nb.de

1. Auflage 2022


**Umschlagfoto:** Darja Stravs Tisu, Ljubljana
**Design & Layout:** Athesia-Tappeiner Verlag
**Druck:** Cierre Grafica, Sommacampagna
**Papier:** Umschlag, Symbol Card; Innenteil, Arena white Rough

Gesamtkatalog unter
**www.athesia-tappeiner.com**

Fragen und Hinweise bitte an
**buchverlag@athesia.it**

ISBN 978-88-6839-598-8
ISBN 978-88-6839-599-5 (e-Book)

Dieses Buch wurde der Umwelt zuliebe nicht mit einer Schutzfolie eingeschweißt.